DIE LETZTEN HELDENTATEN AM HERD

KOCHE NICHTS,
WOZU ES KEINE STORY GIBT!

TEXT **ANGELO MENTA** FOTOS **KLAUS ARRAS**

DIE STORY

ZU DIESEM BUCH

Ein Held zu sein ist nicht das schlechteste Ziel! Per Definition ist ein Held ja ein Mensch, der über sich hinauswächst und überhaupt ganz tolle Sachen macht. Hoppla, ein Drache! Na und? Allein gegen 100 Mann! Wann geht's los? Ziemlich stressiger Job – und abwaschen soll man dann auch noch.
Tja, so sieht's eben einfach mal aus, wenn man will, dass einem beim Kochen das ganze Volk zu Füßen liegt. Keine Rose ohne Dornen!
Bei so viel Arbeit sollte man unbedingt darauf achten, dass der Spaß nicht auf der Strecke bleibt. Denn wer will schon einen schlecht gelaunten Helden haben? Vielleicht muss er ja auch gar nicht alles selbst machen. Schließlich sitzen da wohlwollende Freunde an der Tafel, die nur darauf warten, sich für eine kurze Weile im Licht ihres Heroen zu sonnen und ihm selbstlos unter die Arme zu greifen. Ein wahrer Held nimmt das freudig an, schließlich ist er ja gut organisiert, weiß, wo's langgeht, und macht es nicht zu kompliziert. So bleibt genügend Zeit, auch mal das Glas zu erheben und auf die Heldentaten anzustoßen. Auf die vergangenen – und auf die, die noch folgen!

KOCHE NIE

x-Beliebiges, Mann!

Männer kochen anders als Frauen. Nicht besser, nicht schlechter, aber anders. Warum das so ist, ist egal. Es lebe der Unterschied – und Kochen soll Spaß machen! Allerdings sollte man – und zwar gleichgültig, ob man nun mit XY- oder XX-Chromosomen das Licht der Welt erblickt hat – keinesfalls x-Beliebiges kochen.

Das beginnt schon mit frischen Zutaten. Wann immer es möglich ist, sollte man sich für regionale, natürlich angebaute Produkte entscheiden. Es ist übrigens überhaupt nicht unmännlich, sich über Herkunft und Qualität seiner Lebensmittel Gedanken zu machen. Massentierhaltung ist kein Spaß und jeder sollte sich auch über die Folgen industriell erzeugter Nahrungsmittel für Mensch und Tier im Klaren sein. Also ab auf den Markt, in den Bioladen oder zum Metzger des Vertrauens – der Weg lohnt sich!

Wenn man klug ist und saisonal einkauft, wird man feststellen, dass gute, frische, vielleicht sogar direkt beim Bauern gekaufte Produkte meist viel günstiger sind als abgepackte Fertigware. Und außerdem ist der Einkauf ein wichtiger Teil des Genusses. Sozusagen die Vorgeschichte. Und erst die macht aus einem einfachen Abendessen Kino für die Sinne!

EINE DER WICHTIGSTEN ZUTATEN:
DIE ATMOSPHÄRE.

Sicher schon mal bemerkt, dass der Wein, den man aus dem Urlaub mitgebracht hat, zu Hause irgendwie anders schmeckt als noch vor wenigen Tagen auf der Veranda am Strand? Der Käse aus der Schweiz ist auch nicht mehr ganz so aromatisch wie auf der Berghütte – dabei lag er erst gestern noch im Kühltresen dieser kleinen Käserei. Gemeinhin wird dann ja gerne gesagt, das liegt an der „anderen Luft" oder „der Wein muss sich erst noch beruhigen". Stimmt natürlich beides. Aber der wahre Grund für die plötzliche Geschmacksveränderung liegt wahrscheinlich woanders. Ich denke, es sind die Stimmung und die Atmosphäre, die sich verändert haben und maßgeblich zu einer völlig anderen Wahrnehmung beitragen.
Das heißt jetzt natürlich nicht, dass man für jede Butterstulle gleich einen Waldlauf organisieren oder absolvieren muss – aber ein wenig Vorfreude auf das kommende Essen sollte man schon zu erzeugen versuchen.
Atmosphäre steht auf meiner Zutatenliste ganz weit oben. Und dazu gehört für mich zuallererst mal ein Gastgeber, der das Kochen und seine Gäste ganz entspannt genießt. Während präzise platzierte Namensschildchen und bis zur Unkenntlichkeit aufgeräumte Wohnungen der Atmosphäre eher schaden, können ein Spültuch über der Schulter und ehrlich entspanntes Lachen bei der Begrüßung wahre Wunder wirken. Und dann darf der Gast ruhig auch etwas eingebunden werden.

VON WEGEN VIELE KÖCHE VERDERBEN DEN BREI!

Denn Gäste fühlen sich manchmal geradezu ein wenig schuldig, wenn sie einem beim Kochen zusehen und sich selbst nur aktiv mit dem Korkenzieher beschäftigen. Das soll so natürlich nicht sein – denn zum Schuldigfühlen hat man ja schließlich nicht eingeladen. Wer mithelfen will, ist willkommen. Gemeinsam für ein leckeres Essen zu schnippeln, kann entspannender sein, als allein eine halbe Flasche Wein zu trinken. Und wenn die Zwiebelringe dann doch etwas dicker geschnitten sind als geplant, wird sich davon sicher nicht die Sonne verdunkeln. Man sollte seinen Gästen und Freunden das ehrliche Gefühl vermitteln, nichts lieber zu tun, als sie zu verwöhnen, weil sie es einfach verdient haben – und nur zufrieden zu sein, wenn sie es auch sind!

Wenn man es geschafft hat, eine gelöste und fröhliche Atmosphäre zu erzeugen (oder wenigstens einer solchen nicht im Weg zu stehen), wird das Essen davon immens profitieren.

An aufwendige Tischdekorationen und geometrisch einwandfreie Besteckarrangements mit barocken Serviettenkonstruktionen in Form tanzender Schwäne sollte man seine Kraft und Zeit eher nicht verschwenden. Diese Mühen sind oftmals nur dafür gut, Beklemmungen statt Begeisterung auszulösen. In familiärer Runde darf es auch familiär aussehen. Schließlich sollen sich die Gäste ja wie zu Hause fühlen. Und anstelle des Tisches kann man lieber seine Geschichten ausschmücken.

LA CUCINA ROMANA
SPAGHETTI CON CACIO E PEPE

WAHRE HELDENTATEN

SIND OFT EINFACH!

Kochen bietet mir die Möglichkeit, mich auf ganz wunderbare Weise zu entspannen. Ich muss mich organisieren, bin mein eigener Herr, kann kreativ sein und am Ende wird mir sogar dafür gedankt. Wo gibt's das noch?
Es kommt gar nicht darauf an, hoch komplizierte Menüfolgen zu designen, die man vor lauter Ehrfurcht kaum zu essen wagt. Nein, hier geht es um Düfte und Aromen, die beispielsweise beim Braten einer knusprigen Ente entstehen. Um vertraute Gerüche beim Schneiden von Knoblauch oder von einem Fisch, der in Butter gebacken wird. Mit ein paar einfachen Bratkartoffeln, die mit Speck und Zwiebeln geröstet darauf warten, den Gaumen zu erfreuen, kann man – wenn sie gut gemacht sind – das höchste Lob ernten. Und eine frisch zubereitete Pasta wird jedes Herz erwärmen.
Sich dieser vermeintlich einfachen Dinge anzunehmen, jedes einzelne Detail hingebungsvoll zu beachten und es dabei zu beeindruckender Perfektion zu bringen: Das sind für mich die wahren Heldentaten. Und egal, ob einfache Kartoffeln oder handgemahlenes Salz aus dem Himalaya: In jedem kleinen Schritt zur Perfektion steckt eine Geschichte, die nur darauf wartet, erzählt zu werden. Denn eines ist klar: Ganz ohne Geschichten gibt es keine Helden – und auch keinen gelungenen Abend.
Wichtig ist, dass man sich nicht von Zweiflern aus der Ruhe bringen lässt. Und wenn wirklich mal alles in die Hose geht, hilft nur eins: es einfach wie ein Mann nehmen und das nächste Mal besser machen.

Über solche Ideen
können Frauen
nur staunen!

DIE WAFFEN EINES KOCHHELDEN

Z. B. DIE 1.000-WATT-PFEFFERMÜHLE

Bei den Kochutensilien darf man genauso kreativ sein wie beim Kochen – und ein Akkuschrauber sollte sowieso in keinem guten Haushalt fehlen. Mit einem aufgepflanzten Schneebesen eignet sich dieser hervorragend als Küchenmixer. Auch eine alte Kaffeemühle wird damit im Handumdrehen zum Turbomahlwerk. Was die konventionellen Küchenwerkzeuge angeht: Eine kleine Auswahl guter (!) Messer ist Pflicht. Besonders ein Kochmesser mit einer Klingenlänge zwischen 15 und 20 cm sollte nicht fehlen – für viele Köche ist das sowieso oft das einzige verwendete Messer. Außerdem sinnvoll: ein kleines Schälmesser mit gebogener Klinge, ein Ausbeinmesser zum Auslösen von Knochen und zum Parieren und natürlich ein guter Wetzstahl. Männer sind „Gear Freaks" – so viel ist klar! Allerdings gilt für die Küche das Gleiche wie für den Werkzeugkasten: Qualität statt Billigware und lieber nur ein gutes Messer als den Messerblock vom Discounter! Die Ausrüstung wächst natürlich mit den Ansprüchen. Aber man sollte sich bei der Anschaffung eines neuen Geräts immer überlegen, ob man dieses auch wirklich nutzt.

Gerichte

VON A BIS Z

A WIE ANFANG, WIE ANTIPASTI, WIE APPETITHAPPEN

Antipasti muss man wohl nicht mehr übersetzen: kleine, würzige Vorspeisen, die das Warten aufs Hauptgericht verkürzen. Stellt man noch Wurst und Käse dazu, kann man auf das Hauptgericht auch schon mal ganz verzichten. Lässt man Wurst und Käse weg, macht man auch Vegetarier und Veganer glücklich. Die Vielzahl der möglichen Variationen würde ein eigenes Buch füllen, weshalb hier nur vier Modelle aufgefahren werden. Wichtig ist, dass man nicht zu sparsam mit Olivenöl und Knoblauch umgeht, damit die Antipasti auch richtig tasty werden. Die Zubereitung kann auf dem Grill oder Herd erfolgen. Gegrillte Variationen gibt's weiter hinten im Buch unter „Grillgemüse“. Die heiß zubereiteten Antipasti schmecken übrigens auch kalt ganz vorzüglich!

WERKZEUGE Gemüsehobel, Schüsseln, Bratpfanne, Backpapier, Backblech, Küchenkrepp

Aubergine und Zucchini

ZUBEREITUNGSZEIT: CA. 1,5 STUNDEN

ZUTATEN FÜR 4 PORTIONEN
1 Zucchini
1 Aubergine
mehrere TL feines Meersalz
3 EL Olivenöl
2 Knoblauchzehen
Salz, Pfeffer aus der Mühle

ZUBEREITUNG **ZUCCHINI** und **AUBERGINE** waschen, mit dem Gemüsehobel in ca. 2 mm dicke Scheiben hobeln. Die Scheiben in separate Schüsseln legen, einsalzen (ca. 1 gehäufter TL **MEERSALZ** pro Schüssel) und beiseitestellen. Das Salz zieht Wasser aus den Gemüsescheiben, das hin und wieder abgegossen werden muss. Nach ca. 30 Minuten die Scheiben etwas ausdrücken, mit kaltem Wasser abspülen und auf Küchenkrepp abtropfen lassen. Ein Backblech mit Backpapier auslegen und die Scheiben eng darauf verteilen. In den kalten Ofen schieben und bei möglichst geringer Hitze (100 °C–120 °C) langsam dörren. Nach ca. 45 Minuten herausnehmen und etwas abkühlen lassen. Der Zustand sollte zwischen ledrig und leicht knusprig sein, die Scheiben sollten ein wenig Farbe angenommen haben. **OLIVENÖL** mit den fein geschnittenen **KNOBLAUCHZEHEN** und etwas schwarzem Pfeffer verrühren. Die Gemüsescheiben in eine Schüssel geben, mit der Ölmischung übergießen, vermischen und ggf. mit Salz abschmecken.

Salbeichampignons

ZUBEREITUNGSZEIT: CA. 30 MINUTEN

ZUTATEN FÜR 4 PORTIONEN
250 g Champignons
1 Bund frischer Salbei
2 Knoblauchzehen
2 EL Butterschmalz
2 EL Olivenöl
Salz, Pfeffer aus der Mühle

ZUBEREITUNG **CHAMPIGNONS** putzen, die Stiele so abschneiden, dass die Köpfe flach aufliegen können. **SALBEI** waschen und trocken schütteln, **KNOBLAUCHZEHEN** schälen, beides fein hacken. In einer Pfanne das **BUTTERSCHMALZ** erhitzen, die Pilzköpfe hineingeben und leicht salzen. Das Salzen ist nicht unwichtig, da die Pilze etwas zum Schwitzen gebracht werden müssen. Salzt man nicht, saugen sich die Pilze lediglich mit dem Fett voll und der Pfannenboden bleibt trocken. Die Pilze bei gelegentlichem Wenden ca. 8 Minuten abgedeckt anbraten, bis sie etwas Farbe angenommen haben. **OLIVENÖL**, Salbei, Knoblauch und nach Belieben Pfeffer dazugeben, vermengen, Deckel wieder auflegen und vom Feuer nehmen. 5 Minuten ziehen lassen und dann servieren.

Spinat

ZUBEREITUNGSZEIT: CA. 30 MINUTEN

ZUTATEN FÜR 4 PORTIONEN

500 g frischer Spinat
2 Knoblauchzehen
1 Chilischote
2–3 EL Olivenöl
Salz, Pfeffer aus der Mühle

ZUBEREITUNG **SPINAT** waschen und grobe Stiele entfernen. **KNOBLAUCHZEHEN** schälen, **CHILISCHOTE** putzen, beides fein hacken. In einer großen Pfanne das **OLIVENÖL** erhitzen. Den Spinat in die Pfanne geben und etwa 1 Minute anbraten, bis er etwas zusammengefallen ist. Knoblauch und Chili dazugeben und 2 Minuten mitbraten. Mit Salz und Pfeffer abschmecken und lauwarm servieren.

Rote-Bete-Carpaccio

ZUBEREITUNGSZEIT: CA. 20 MINUTEN

ZUTATEN FÜR 4 PORTIONEN

1 rohe, ungekochte Rote Bete
Saft von 1 Zitrone
2–3 EL Olivenöl
etwas frischer Parmesan
Salz, Pfeffer aus der Mühle

ZUBEREITUNG **ROTE BETE** waschen und schälen. „Da Rote Bete sehr stark färbt, empfehle ich, beim Schälen und Schneiden Handschuhe zu tragen." Mit dem Gemüsehobel in sehr dünne Scheiben hobeln (ca. 1 mm). Die Scheiben auf einem Teller auslegen, salzen und mit **ZITRONENSAFT** und **OLIVENÖL** beträufeln. Pfeffer darübermahlen und ca. 10 Minuten ziehen lassen. Den **PARMESAN** darüberhobeln und servieren.

Aubergine und Zucchini

ZUBEREITUNG SEITE 16

Salbeichampignons

ZUBEREITUNG SEITE 16

Spinat

Zubereitung Seite 17

Rote-Bete-Carpaccio

Zubereitung Seite 17

Backkartoffeln, getrüffelt

ZUBEREITUNGSZEIT: CA. 10 MINUTEN

BACKZEIT: CA. 1 STUNDE

ZUTATEN FÜR 4 PORTIONEN

4 große, mehligkochende Kartoffeln
4 TL gesalzene Butter
300 g Sauerrahm
3 gehäufte EL gehackter Schnittlauch
40 ml Trüffelöl
Salz, Pfeffer aus der Mühle

WERKZEUGE

Alufolie
kleine Schüssel

ZUBEREITUNG Backofen auf 180 °C vorheizen. Die **KARTOFFELN** gründlich waschen und mit einem Messer je ca. ¼ als Deckel abschneiden. Die Kartoffeln mit einem kleinen Löffel ein wenig aushöhlen, mit je 1 TL gesalzener **BUTTER** füllen und die Deckel wieder aufsetzen. Dicht mit Alufolie umwickeln und für ca. 1 Stunde in den Backofen legen. „Je nach Größe der Kartoffeln kann diese Zeit variieren – aber besser, etwas zu lang im Ofen als zu kurz.“ Wenn die Kartoffeln weich sind, in einer kleinen Schüssel den **SAUERRAHM** mit **SCHNITTLAUCH**, **TRÜFFELÖL**, Salz und Pfeffer verrühren. Die Deckel der Kartoffeln abheben, den Kräuterrahm großzügig einfüllen und den Deckel auf den Rahm setzen.

„Backkartoffeln sind eine prima Beilage zu gegrilltem Fleisch oder Fisch. Viel falsch machen kann man auch nicht. Ich höhle die Backkartoffeln ein wenig aus und fülle sie mit gesalzener Butter. Das gibt ordentlich Geschmack und die Kartoffel wird schön cremig. Trüffelöl passt hervorragend zu Kartoffeln, verliert aber schnell an Aroma. Deshalb den Kräuterrahm mit dem Trüffelöl besser erst kurz vor dem Servieren anrühren.“

„Was die Wahl der Kartoffeln angeht, muss man wirklich nicht geizig sein! Hochwertige Erzeugnisse, auch vom Biobauern, kosten oft nur 1–2 Euro pro Kilo mehr als die Massenware aus dem Supermarkt. Gemessen an dem Gegenwert, den man dafür erhält, steht das in einem wahrlich gesunden Verhältnis zueinander!“

„Es gibt Tausende von Kartoffelsorten, die nur darauf warten, verköstigt zu werden. Für Backkartoffeln verwendet man normalerweise die mehlig- oder vorwiegend festkochenden Typen. Auf jeden Fall probieren sollte man Agria (Biokartoffel), Karlena, La Bonnotte, Ackersegen, Agatha, die Odenwälder Blaue oder Berber aus der Pfalz. Nebenbei ist die ‚Jagd‘ nach einer besonderen Kartoffel immer für eine kleine Story gut!“

B WIE BOMBENSICHERE BRATKARTOFFELN

Weltweit gibt es über 5.000 Kartoffelsorten und bestimmt genauso viele Möglichkeiten, Bratkartoffeln zuzubereiten. Roh geröstet oder gekocht, geschält oder nicht, gewürfelt oder in Scheiben, mit Speck oder ohne: Die Liste ließe sich wohl endlos fortsetzen und würde ganze Bände füllen. Obwohl man mit dem Thema „Bratkartoffeln" ziemlich frei umgehen darf, gibt es trotzdem die eine oder andere Falle, in die man tappen kann. Gibt man beispielsweise die Zwiebeln gleich am Anfang mit zu den Kartoffeln, werden sie garantiert rabenschwarz. Kommt der Speck zu früh dazu, wird er hart. Hat man zu viele Kartoffeln in der Pfanne, werden diese mehr gekocht als gebraten und kleben zusammen. Und: Verwendet man die falsche Pfanne, backen die leckeren Erdäpfel am Boden an.

DAHER HIER EIN PAAR TIPPS:

- Festkochende Kartoffelsorten verwenden, z. B. Linda, Selma, Laura, Bamberger Hörnchen, Nicola, Exquisa, La Ratte, Cilena, österreichische Kipferl.
- Bratkartoffeln immer ins heiße Fett geben, da sie sich ansonsten vollsaugen.
- Nur hoch erhitzbares Fett verwenden, z. B. Butterschmalz, Erdnussöl, Sonnenblumenöl etc.
- Nicht bei zu hoher Hitze braten. Das Fett darf keinesfalls rauchen.
- Kartoffelstücke bzw. -scheiben möglichst gleich groß schneiden.
- Zwiebeln erst dann dazugeben, wenn die Kartoffeln goldbraun sind.
- Speck kurz vor Ende der Bratzeit hinzugeben.
- Will man sehr knusprige Bratkartoffeln, Zwiebeln separat zubereiten.
- Will man rohe Kartoffeln braten, diese nach dem Schneiden unter kaltem Wasser gut abspülen, dann kleben sie beim Braten weniger zusammen.
- Will man gekochte Kartoffeln braten, dann nur Pellkartoffeln und keine Salzkartoffeln verwenden, weil Letztere leicht matschig werden.
- Am besten Pellkartoffeln vom Vortag verwenden.

Was die Wahl der richtigen Pfanne angeht, sollte man auf jeden Fall den Erwerb eines schmiedeeisernen Modells in Betracht ziehen. Vorausgesetzt, die Pfanne ist gut „eingebrannt" und wird hauptsächlich für die Zubereitung von Bratkartoffeln verwendet, liefert sie die besten und schmackhaftesten Ergebnisse. Eine teflonbeschichtete Pfanne geht aber genauso in Ordnung.

Womit kriegt man eine Frau garantiert rum?
Na, mit der richtigen Pfanne!

Bratkartoffeln mit Schweizer Wurstsalat

ZUBEREITUNGSZEIT: CA. 40 MINUTEN
RUHEZEIT WURSTSALAT: CA. 2 STUNDEN

ZUTATEN FÜR JEWEILS 4 PORTIONEN

WURSTSALAT

1 Ring Fleischwurst (ca. 700 g)
100 g Schweizer Käse
(z. B. Emmentaler, Gruyère, Appenzeller)
2 Zwiebeln
1 Bund Petersilie
4 EL Olivenöl
8 EL weißer Balsamico-Essig
Salz, Pfeffer aus der Mühle

BRATKARTOFFELN

600 g festkochende Kartoffeln
1 kleine Zwiebel
50 g Bauchspeck
Butter- oder Schweineschmalz
1 TL Kümmel
Salz, Pfeffer aus der Mühle

WERKZEUGE

Eisenpfanne
Salatschüssel

ZUBEREITUNG Die **FLEISCHWURST** in dünne Scheiben schneiden und in die Salatschüssel geben. Den **KÄSE** in Würfel, Scheiben oder Stifte schneiden. **ZWIEBELN** schälen und in dünne Ringe schneiden oder hobeln. Die **PETERSILIE** waschen, trocken schütteln und fein hacken. **OLIVENÖL, BALSAMICO-ESSIG,** Salz und Pfeffer dazugeben und alles mit der Fleischwurst vermengen. Im Kühlschrank abgedeckt ca. 2 Stunden ziehen lassen. **KARTOFFELN** schälen und in etwa 5 mm dicke Scheiben schneiden. Mit kaltem Wasser abspülen und trocken tupfen. Die Zwiebel schälen und in kleine Würfel schneiden. **SPECK** ebenfalls fein würfeln. Die Eisenpfanne etwa 3 Minuten ohne Öl aufheizen, dann das **SCHMALZ** erhitzen (Pfannenboden muss komplett mit Schmalz bedeckt sein) und die Kartoffelscheiben nebeneinander in die Pfanne legen. Wenn eine Kartoffelscheibenseite gut gebräunt ist, die Scheiben einzeln wenden und die andere Seite rösten. Sind beide Seiten goldbraun gebraten, die Zwiebeln dazugeben, nach ca. 5 Minuten Speck und **KÜMMEL** hinzufügen, nach Belieben mit Pfeffer abschmecken und weitere 5 Minuten fertig rösten. Eventuell noch etwas nachsalzen. Die Bratkartoffeln heiß mit dem kalten Wurstsalat anrichten. Dazu passt ganz wunderbar ein Gurkensalat.

„Hier werden die Kartoffeln einzeln ausgebacken. Der Vorteil liegt darin, dass man perfekt gebräunte, knusprige Bratkartoffeln erhält, die einfach großartig schmecken. Daher nur so viele Kartoffeln in die Pfanne geben, dass der Boden gut bedeckt ist und keine Kartoffelscheiben übereinanderliegen. Sollte eine Pfanne dafür nicht genügen, muss man zwei Pfannen verwenden."

„In einen Schweizer Wurstsalat gehört natürlich Schweizer Käse. Würzige Sorten wie Appenzeller, Gruyère, echter Emmentaler oder Vacherin eignen sich besonders gut. Sehr gute Qualität erhält man, wenn man Alpkäse kauft. Dieser Käse muss tatsächlich direkt auf der Bergalm aus der Milch der dort grasenden Kühe hergestellt werden. Handelsüblicher Bergkäse hingegen muss zwar aus einer Bergregion stammen, schließt aber ein Zufüttern von Kraftfutter und eine industrielle Weiterverarbeitung nicht aus. Als Wurst kommt natürlich nur die beste Fleischwurst vom Metzger infrage."

Bratkartoffeln mit Sellerie, Speck und Perlzwiebeln

ZUBEREITUNGSZEIT: CA. 40 MINUTEN

ZUTATEN FÜR 4 PORTIONEN

600 g festkochende Kartoffeln (z. B. Linda, Selma, Sieglinde, Bamberger Hörnchen, Nicola, Exquisa, La Ratte, Cilena)
¼ Sellerieknolle (ca. 200 g)
50 g Bauchspeck
4–5 kleine Perlzwiebeln
Fett zum Ausbacken
1 Zweig Rosmarin
Salz, Pfeffer aus der Mühle

WERKZEUGE

Bratpfanne, evtl. schmiedeeisern

ZUBEREITUNG **KARTOFFELN** und **SELLERIE** schälen und in gleich große Würfel von etwa 1,5 cm Seitenlänge schneiden. Die Kartoffelwürfel unter kaltem Wasser abspülen und trocken tupfen. Den **SPECK** fein würfeln. Die **PERLZWIEBELN** schälen. **FETT** in der Pfanne erhitzen und die Kartoffeln bei mittlerer Hitze mit dem Sellerie goldbraun braten. Die Zwiebeln dazugeben und mitrösten. Wenn die Zwiebeln nach etwa 5 Minuten angebräunt sind, den Speck hinzufügen und etwa 4 Minuten mitbraten. Salzen und pfeffern. Den **ROSMARIN** zupfen, dazugeben, kurz mitrösten und alles heiß servieren.

„Dem Sellerie wird ja im Allgemeinen eine potenzfördernde Wirkung nachgesagt. Das ist zwar nicht wissenschaftlich erwiesen, aber der Glaube kann ja bekanntlich Berge versetzen. Auf jeden Fall gilt er als anerkannte, stimmungsaufhellende Heilpflanze – und wer für gute Stimmung sorgt, ist natürlich herzlich willkommen!"

Bratkartoffelsalat

ZUBEREITUNGSZEIT: CA. 40 MINUTEN

ZUTATEN FÜR 4 PORTIONEN

600 g Frühkartoffeln (oder festkochende Kartoffeln mit dünner Schale)
8 EL Olivenöl
3 Schalotten
1 Bund krause Petersilie
Saft von 1 Zitrone
Salz, Pfeffer aus der Mühle

WERKZEUGE

Gemüsehobel
Salatschüssel
Backblech
Backpapier

ZUBEREITUNG Den Backofen auf 150 °C vorheizen. Die **KARTOFFELN** gründlich waschen und ungeschält mit einem Gemüsehobel in etwa 2 mm dicke Scheiben hobeln. Die Scheiben in eine Salatschüssel geben, salzen, pfeffern und mit 2–3 EL **OLIVENÖL** vermengen. Ein großes Backblech mit Backpapier auslegen und die Kartoffelscheiben einzeln nebeneinanderlegen. Im Backofen ca. 30 Minuten goldbraun backen. Die **SCHALOTTEN** schälen und in Ringe schneiden. **PETERSILIE** waschen, trocken schütteln und fein hacken. Schalotten und Petersilie mit dem restlichen Olivenöl und dem **ZITRONENSAFT** vermischen. Wenn die Kartoffeln fertig sind, alle Zutaten in der Salatschüssel vermengen und sofort servieren.

„Das ist eine etwas saftigere Variante von Kartoffelchips – allerdings ohne knisternde Tüte, ohne künstliche Zusatzstoffe und ohne Geschmacksverstärker!"

Baudenschmaus mit Absinth

ZUBEREITUNGSZEIT: CA. 1,5 STUNDEN

ZUTATEN FÜR 4 PORTIONEN

800 g Kalbsnacken oder Kalbsschulter
2 Zwiebeln
2 Karotten
4 EL Olivenöl
3 Knoblauchzehen
1–2 scharfe Peperoni (bei Bedarf)
40 ml Absinth (min. 50 Vol.-%)
500 ml Gemüsefond
3–4 Zweige frischer Thymian
1 rote Paprikaschote
ca. 30 g Kapern
100 ml Sahne
Salz, Pfeffer aus der Mühle

WERKZEUGE

Wok oder Schmortopf
Stabfeuerzeug

ZUBEREITUNG Das **FLEISCH** waschen, trocken tupfen und in mundgerechte Stücke schneiden, salzen und pfeffern. **ZWIEBELN** schälen, **KAROTTEN** putzen, beides in kleine Stücke schneiden und in **OLIVENÖL** etwa 8 Minuten scharf anbraten. **KNOBLAUCHZEHEN** schälen, in Streifen schneiden und etwa 3 Minuten mitbraten. Bei Bedarf klein geschnittene **PEPERONI** hinzufügen. Das Fleisch dazugeben und so lange braten, bis keine Flüssigkeit mehr vorhanden ist. **ABSINTH** dazugießen, mit einem Stabfeuerzeug oder einem langen Streichholz anzünden (Vorsicht: Stichflamme!) und flambieren, bis der Alkohol verbrannt ist. Alternativ kann man den Absinth auch in eine Schöpfkelle gießen, ihn darin entzünden und vorsichtig über das Fleisch gießen. Mit dem **GEMÜSEFOND** ablöschen, **THYMIANZWEIGE** dazugeben und ca. 50 Minuten bei kleiner Flamme schmoren lassen. In der Zwischenzeit die **PAPRIKASCHOTE** putzen und in Streifen schneiden. Wenn das Fleisch fast weich ist, **KAPERN** und Paprikastreifen hinzufügen, etwa 15 Minuten fertig garen und mit **SAHNE** abschmecken. Passt zu Bandnudeln, Couscous, Reis, Kartoffelpüree oder Kartoffelsalat bzw. zu grünem Salat.

„Eine Baude ist ja so etwas wie eine Berghütte. Wer schon einmal in Tschechien zum Wandern oder Skifahren war, weiß, dass so eine Baude, in die man normalerweise zum Essen und Trinken einkehrt, wohl der Inbegriff für kuschelige und zünftige Gemütlichkeit ist. Das dort gereichte Essen ist immer deftig und gehaltvoll und zumeist von bäuerlicher Einfachheit im positivsten Sinn. Tschechien ist allerdings auch für einen sehr starken Absinth bekannt, der – im Übermaß getrunken – durchaus geeignet ist, den Konsumenten in einen Zustand der bäuerlichen Einfachheit zu versetzen, dem der Baudenwirt eher kopfschüttelnd gegenübersteht. Nichtsdestotrotz eignet sich Absinth aufgrund seines starken Anisaromas ganz wunderbar dafür, in deftigen Schmorgerichten eingesetzt zu werden, und ist wegen seiner Hochprozentigkeit perfekt zum effektvollen Flambieren geeignet."

Brotsalat

ZUBEREITUNGSZEIT: CA. 15 MINUTEN

ZUTATEN FÜR 4 PORTIONEN

125 g Rucola oder Feldsalat
2 Schalotten
20 Cocktailtomaten
1 Handvoll frisches Basilikum
1 Handvoll frische Petersilie
½ Baguette, gern auch vom Vortag
2 Knoblauchzehen
7 EL Olivenöl
5 EL Balsamico-Essig
20 g grob geriebener Parmesan oder Pecorino
Salz, Pfeffer aus der Mühle

WERKZEUGE

Bratpfanne
Salatschüssel

ZUBEREITUNG **SALAT** waschen, trocken schütteln und welke Blätter aussortieren. Die **SCHALOTTEN** schälen und in feine Ringe schneiden. **TOMATEN** waschen, trocken tupfen und vierteln. **KRÄUTER** waschen, trocken schütteln und ebenfalls klein schneiden. Alles in eine Salatschüssel geben. Das **BAGUETTE** in ca. 15 mm breite Scheiben schneiden. **KNOBLAUCHZEHEN** schälen, halbieren und die Brotscheiben beidseitig damit abreiben. Die Brotscheiben vierteln oder in kleine Würfel schneiden. In einer großen Bratpfanne 3 EL **OLIVENÖL** erhitzen, die Knoblauchzehen darin braten, bis sie braun sind, dann herausnehmen. Die Brotstücke in dem heißen Öl allseitig goldbraun braten. Den Salat mit dem restlichen Olivenöl sowie **BALSAMICO-ESSIG**, Salz und Pfeffer anmachen. Etwas Salat auf Teller geben, geröstete Brotstücke darauflegen, ein wenig Salat darüberschichten und wieder Brotstücke obenauf legen. Mit **PARMESAN** bestreuen und schnell servieren, solange das Brot noch warm und knusprig ist.

„Viele der leckersten Gerichte sind daraus entstanden, dass man einfach alles, was man an Essbarem rumliegen hatte, zusammengeworfen hat, um dann erfreut festzustellen, dass das ganz schön gut zusammenpasst. Eintöpfe, Bouillabaisse, Paella, Minestrone, Tiroler Gröstl, Gulasch, Ratatouille, Kohlrouladen, Bauernfrühstück, Nudelaufläufe und zahllose andere Kreationen gehören zum festen Bestandteil der Speisekarten auf der ganzen Welt. Dabei wurde ganz bestimmt nichts unversucht gelassen – und viele gelungene Kreationen sind aufgrund ihrer ausschließlich regionalen Verbreitung anderswo völlig unbekannt. Brotsalat ist mit Sicherheit so entstanden. Die Brotsorte spielt dabei keine wirkliche Rolle, vielmehr ist kreatives Experimentieren gefragt. Dieser Brotsalat stellt daher nur eine mögliche Variante dar, hat sich jedoch in dieser Form schon mehrfach bewährt."

C WIE LETZTE CHANCE

OH NEIN! DER LETZTE CRÊPE IST WEG!

Mein Freund Peter sagt immer: „Das Geheimnis einer guten Soße: Es ist immer ein bisschen zu wenig davon da." Ein super Spruch, den man auch problemlos auf gutes Essen übertragen könnte. Was natürlich keinesfalls bedeuten soll, dass irgendwer hungrig nach Hause gehen muss. Denn Haute-Cuisine-Portionen zum Preis eines Kleinwagens stehen im absoluten Gegensatz zum Geist dieses Buches. Ich persönlich neige dazu, Riesenportionen zu servieren – vielleicht, um damit meiner grenzenlosen Großzügigkeit Ausdruck zu verleihen. Allerdings kann das bei einem 3-Gänge-Menü schnell dazu führen, dass alle schon nach der Vorspeise satt sind und die noch folgenden Gänge nur noch aus purer Freundlichkeit über sich ergehen lassen – egal, wie raffiniert sie auch zubereitet sein mögen. Auch blöd. Wie bei allen Dingen, die mit Sinnlichkeit zu tun haben, darf man auch beim Essen die Flamme nicht zum Erlöschen bringen: Die Lust auf das Kommende erhöht auch den Respekt vor der guten Leistung. Und ein durchdachtes, aufeinander abgestimmtes Menü kann Stunden dauern, ohne dass irgendwer sagen muss, er kann nicht mehr. Deshalb empfiehlt es sich, die Portionen der Menge der Gänge anzupassen. Also: je mehr Gänge, desto kleiner die einzelnen Gerichte und desto größer die Vorfreude auf die kommenden Preziosen. So wird keiner das Gefühl haben, die Chance auf was Leckeres zu verpassen.

Crêpes Suzette

ZUBEREITUNGSZEIT: CA. 25 MINUTEN
RUHEZEIT FÜR DEN TEIG: CA. 30 MINUTEN

ZUTATEN FÜR 5 CRÊPES

TEIG
30 g Butter
100 g Weizenmehl
1 Ei
1 Eigelb
125 ml Milch
40 ml Sahne
25 ml Wasser
1 Tütchen Vanillezucker
Salz

SOSSE
5 Orangen
30 g Zucker
30 g Butter
60 ml Grand Marnier (Orangenlikör)

WERKZEUGE
Rührschüssel
Zestenreißer
sehr scharfes Messer
Schöpflöffel
Crêpes-Pfanne
(oder beschichtete Bratpfanne)
kleiner Soßentopf
große Kupfer- oder Edelstahlpfanne

ZUBEREITUNG **BUTTER** zerlassen und abkühlen lassen. **WEIZENMEHL, EI, EIGELB, MILCH, SAHNE,** Wasser, **VANILLEZUCKER** und eine Prise Salz gut miteinander verrühren. Die abgekühlte, aber noch flüssige Butter dazugeben und unterrühren. Den recht flüssigen Teig abgedeckt für ca. 30 Minuten in den Kühlschrank stellen. 3 **ORANGEN** auspressen und den Saft in ein Glas geben. Zesten von 2 Orangen abreißen, die Orangen dann filetieren. Zum Filetieren benötigt man ein sehr scharfes Messer, mit dem man zuerst die weiße Haut von der geschälten Orange schneidet und dann zwischen den Häuten der Orangensegmente einzelne Filets herauslöst. Die Filets, die dann keine weißen Hautstellen mehr haben, zur Seite legen. Den Teig aus dem Kühlschrank nehmen und nochmals gut durchrühren. In einer Crêpes- oder einer beschichteten Bratpfanne aus dem Teig 5–6 Crêpes ausbacken. Da schon genügend Butter im Teig ist, wird zum Backen der Crêpes kein zusätzliches Fett benötigt. In einem kleinen Topf Orangensaft mit **ZUCKER** erhitzen, die Orangenzesten darin ca. 2 Minuten köcheln. Die Zesten herausnehmen und beiseitestellen. Butter und gezuckerten Orangensaft in einer Kupfer- oder Edelstahlpfanne aufkochen lassen, bis ein flüssiger Sirup entstanden ist. Die Crêpes jeweils auf halbe Größe einklappen, in den heißen Sirup legen, nochmals einklappen. Wiederholen, bis alle gefalteten Crêpes-Viertel in der Pfanne liegen. Die Crêpes ausgiebig in dem Sirup wenden. **GRAND MARNIER** angießen und anzünden. Sobald die Flamme erloschen ist, die Crêpes auf vorgewärmte Teller legen. Orangenfilets kurz (ca. 30 Sekunden) in den Sirup legen und erwärmen. Die Crêpes mit der Soße übergießen, mit den Orangenfilets und den Zesten belegen und sofort servieren.

„Am 31. Januar 1896 war der britische Kronprinz und spätere König Edward VII. im legendären Café de Paris in Monte Carlo zu Gast, wo er nach einem gediegenen Abendessen auf seinen Nachtisch wartete. Edward war ein großer Fan von Pfannkuchen. Also wurde der damals 14-jährige Lehrling des Hauses, Henri Charpentier, beauftragt, diese Pfannkuchen direkt am Tisch des Monarchen zuzubereiten. Der junge Mann war natürlich etwas aufgeregt – und in einem unachtsamen Moment fing seine Orangensoße wegen des darin enthaltenen Likörs plötzlich Feuer. Henri erschrak zuerst, beschloss dann aber, nicht lange zu fackeln – und nachdem er einmal kurz gekostet hatte, legte er den Pfannkuchen einfach in die entflammte Soße. Er machte noch ein bisschen Tamtam, blieb cool, goss noch mehr Likör auf die brennenden Crêpes und servierte dem verblüfften Prince of Wales das Ganze als neues Rezept mit dem schmeichelnden Namen ‚Crêpes Princesse'. Der von dem neuen Dessert begeisterte Edward war jedoch ganz Gentleman und der Meinung, man solle die neue Kreation lieber nach seiner reizenden Begleitung, einer gewissen Suzette, benennen. So geschah es dann auch. Henri Charpentier war übrigens ein Schüler des berühmten Auguste Escoffier und wurde später einer der weltweit bedeutendsten Küchenchefs."

Currywurst mit Rosmarinpommes

Zubereitung Seiten 42–43

Currywurst (selbst gemacht) mit Rosmarinpommes

ZUBEREITUNGSZEIT: CA. 3 STUNDEN

ZUTATEN FÜR 6–8 WÜRSTE

CURRYSOSSE
1 Dose geschälte Tomaten (800 g)
1 Zwiebel
100 ml Olivenöl
2 TL Zucker
6 EL Apfelessig
1 TL Honig
2 Lorbeerblätter
1 TL Currypaste oder Currypulver
Salz, Pfeffer aus der Mühle

WÜRZMISCHUNG
4 Schalotten
2 TL gemahlener Koriander
abgeriebene Schale von
1 unbehandelten Zitrone
2 TL frischer, geriebener Ingwer
Chili-Öl nach Belieben

CURRYWÜRSTE
300 g Kalbsschulter
300 g Schweineschulter
300 g Schweinebauch
4 Eiswürfel
3 Eier
300 ml Sahne
Butterschmalz oder Erdnussöl
Salz, Pfeffer aus der Mühle

ZUBEREITUNG CURRYSOSSE Die **TOMATEN** im Mixer oder mit dem Zauberstab pürieren und durch ein Sieb passieren. Die **ZWIEBEL** schälen und klein würfeln. Die Hälfte des **OLIVENÖLS** in einem mittelgroßen Topf erhitzen, die Zwiebelwürfel darin anschwitzen, mit dem **ZUCKER** leicht karamellisieren und mit **APFELESSIG** ablöschen. **HONIG** dazugeben und ca. 3 Minuten einkochen, bis eine sirupartige Konsistenz entsteht. Die passierten Tomaten und die **LORBEERBLÄTTER** hinzufügen und auf kleiner Flamme etwa um ⅓ zu einer Soße reduzieren. Salzen und pfeffern, **CURRYPASTE** dazugeben und abgedeckt beiseitestellen. Wenn man eine ketchupartigere Konsistenz bevorzugt, das restliche Olivenöl dazugeben (Soße sollte nicht mehr kochen) und mit dem Zauberstab nochmals pürieren. Die Farbe ändert sich dann zu einem satten Orange.

ZUBEREITUNG WÜRZMISCHUNG Die **SCHALOTTEN** schälen und sehr fein hacken. Mit allen anderen **ZUTATEN** vermengen und zu einer möglichst feinen Paste zerdrücken.

ZUBEREITUNG CURRYWÜRSTE **KALBSSCHULTER, SCHWEINESCHULTER** und **SCHWEINEBAUCH** (das Fleisch muss gut gekühlt sein) waschen, trocken tupfen, in etwa 2,5 cm große Würfel schneiden und zuerst durch die grobe, dann durch die feine Scheibe des Fleischwolfs jagen. Hierbei pro Durchgang je 2 **EISWÜRFEL** mitwolfen. Das ist wichtig, um die Wurstmasse kühl zu halten. Wird die Wurstmasse zu warm, stockt das Eiweiß und die Wurst hält nicht mehr zusammen. **EIER, SAHNE** und Würzmischung dazugeben, nach Geschmack salzen und pfeffern, intensiv mit einer Gabel durchmischen. Wurstmasse in gleich große Portionen aufteilen und jede Portion einzeln stramm mit Frischhaltefolie umwickeln. Die Enden der Folie zudrehen. Die so entstandene Wurst auf die gleiche Weise mit Alufolie umwickeln – die matte Seite der Alufolie kommt nach außen. Die Würste in ein Sieb legen. In einem großen Topf ca. 2 cm hoch Wasser zum Köcheln bringen, das Sieb auf den Topf legen – es darf das Wasser nicht berühren – und die Würste abgedeckt ca. 20 Minuten dämpfen. Die Würste etwas abkühlen lassen, dann auspacken und beiseitelegen. Die Rosmarinpommes zubereiten. Wenn sie ca. 10 Minuten im Ofen sind, die Currywürste mit viel **BUTTERSCHMALZ** ca. 5 Minuten knusprig braten, herausnehmen und in mundgerechte Stücke schneiden. Die lauwarme Soße nochmals durchrühren und auf die Wurst geben. Die Pommes aus dem Ofen nehmen und zu den Wurststücken anrichten.

ZUBEREITUNG ROSMARINPOMMES Backofen auf ca. 200 °C vorheizen. Die **KARTOFFELN** schälen oder gut waschen – ganz nach Belieben. In gleich große Pommes schneiden. Den **ROSMARIN** klein hacken und mit **OLIVENÖL, MEERSALZ, PAPRIKAPULVER** und den Kartoffeln in eine Schüssel geben. So lange durchmischen, bis die Kartoffeln gleichmäßig von dem Würzöl überzogen sind. Ein Backblech mit Backpapier auslegen, die Pommes darauf gleichmäßig verteilen und ca. 20 Minuten goldbraun backen.

„Die Vorteile einer selbst gemachten Wurst liegen im wahrsten Sinne des Wortes auf der Hand: Man weiß genau, was drin ist, bestimmt selbst die Qualität der Zutaten und erspart sich den Verzehr von lebensmitteltechnischen Zusätzen. Natürlich kann man die gegarten Würste auch ganz prima grillen!"

ROSMARINPOMMES

1,5 kg festkochende Kartoffeln
2–3 TL frisch gezupfter Rosmarin
4 EL Olivenöl
1 gestr. EL grobes Meersalz
1 TL Paprikapulver

WERKZEUGE

Fleischwolf (5- und 2-mm-Lochscheiben)
Zauberstab oder Mixer
mittelgroßer Topf mit Deckel
Bratpfanne (Ø 28 cm)
kleine Rührschüsseln
Frischhaltefolie
Alufolie
Backblech
Backpapier
Sieb
großer Topf (in den das Sieb passt)

„Hierbei handelt es sich keineswegs nur um einen Schnellsnack unter vielen, sondern um die absolute Königin der Pappteller-delikatessen! Der Streit darum, ob die Currywurst in Berlin oder Hamburg erfunden wurde, ist jahrzehntealt – und noch immer nicht entschieden. Fakt ist: Wer es schafft, eine gute Currywurst zu zaubern, kann sich einer langen Menschenschlange vor seiner Wurstbude sicher sein. Egal, ob in Hamburg, Berlin oder sonstwo – denn Currywurstliebhaber sind richtig treue Seelen. Dabei spielt es auch keine Rolle, ob man sie morgens, mittags, abends oder mitten in der Nacht verspeist, ob mit Bier oder Champagner, ob nach der Arbeit oder nach dem Tanzen. Currywurst geht immer, darin sind sich alle einig."

„‚Currywurst mit Pommes, 2,50 bitte!' Bei diesem Preis stellt sich natürlich die berechtigte Frage, warum man so etwas unbedingt selbst machen muss. Man braucht einen Kutter, den nur der Metzger hat, Tierdärme für die Wursthülle und muss penibel die Temperaturen einhalten, weil sonst das Eiweiß in der Wurstmasse stockt. Viel Aufwand für ein bisschen Wurst! Dieses Rezept für eine Berliner Currywurst kommt völlig ohne die genannten Mittel aus und macht zudem noch Riesenspaß. Außerdem weiß man genau, woraus sie besteht – was ja an der Wurstbude nicht wirklich der Fall ist. Man sollte auf jeden Fall auch eigene Gewürzmischungen ausprobieren! Hierbei aber darauf achten, die Zutaten immer gut zu zerkleinern, da die Wurst sonst auseinanderfallen könnte."

D WIE DER DRAUSSEN-DÖNER

Wenn man mal 60 Leute ordentlich satt machen will, ist so ein Döner ganz bestimmt eine lustige Idee. Außerdem schmeckt er selbst gemacht natürlich viel besser, schließlich kann man die Qualität sämtlicher Zutaten bestimmen. Und auch hier sind der Fantasie keine Grenzen gesetzt: Ob Lamm, Rind, Schwein, Huhn oder auch gemischt – der Aufbau des Fleischturms kann frei variiert werden. Wichtig ist nur, nicht zu mageres Fleisch zu verwenden, da der Döner sonst zu trocken wird. Einen Döner im Garten zu grillen erfordert einen gewissen Aufwand. Man kann den Spieß ja schließlich nicht einfach übers Feuer halten, sondern muss ihn einigermaßen aufrecht vor dem ebenso aufrechten Feuer positionieren. Da so ein Feuer ganz schön heiß ist, muss man den Spieß auch bequem wegziehen können, um das Fleisch abzuschneiden. Wie man einen Dönerspieß baut, ist dem handwerklichen Geschick eines jeden überlassen. Eine Bauanleitung mit Einkaufsliste für meinen Spieß gibt's aber am Ende des Rezepts.

Zubereitung auf den folgenden Seiten

Döner am Lagerfeuer

VORBEREITUNGSZEIT FLEISCH: CA. 1 STUNDE
MARINIERZEIT: CA. 2 STUNDEN
VORBEREITUNGSZEIT ZUTATEN: CA. 1 STUNDE

ZUTATEN FÜR 60 PORTIONEN

DÖNER

1 kg Joghurt (3,5 %)
600 ml Olivenöl
10 g getrockneter Majoran
15 g getrockneter Thymian
10 g getrockneter Oregano
50 g Meersalz
10 g schwarzer Pfeffer
20 kg Kalbfleisch in dünnen Schnitzeln (oder Lamm, Rind etc. – nicht zu mager)
1 Kopf Rotkraut
1 Kopf Weißkraut
1 Kopf Eisbergsalat
20 Tomaten
20 Zwiebeln
15 Fladenbrote

KNOBLAUCHSOSSE

6 Eigelb
10 Knoblauchzehen (oder mehr, je nach Geschmack)
Saft von 1 Zitrone
ca. 400 ml Pflanzenöl
200 g Sauerrahm oder Crème fraîche
100 ml Ayran
Salz, weißer Pfeffer aus der Mühle

KRÄUTERSOSSE

6 Eigelb
Saft von 1 Zitrone
ca. 400 ml Pflanzenöl
200 g Sauerrahm oder Crème fraîche
100 ml Ayran
je 1 Bund Petersilie, Schnittlauch und Dill
2 EL Liebstöckel
2 EL frischer Thymian
Salz, weißer Pfeffer aus der Mühle

SCHARFE SOSSE

200 g Tomatenmark
100 g frische Tomaten
6 scharfe Chilischoten (oder mehr, je nach Geschmack)
1–2 Knoblauchzehen
1 TL Kümmel
50 ml Olivenöl
Salz

WERKZEUGE

selbst gebauter Feuerkäfig (Anleitung auf Seite 48)
großer Hammer
ca. 0,5 Raummeter trockenes Ofenholz (Eiche)
selbst gebauter Dönerspieß (Anleitung auf Seite 53)
scharfes, langes Messer
Wetzstahl
Auffangschale
Mischwanne
Mixer

ZUBEREITUNG DÖNER **JOGHURT, OLIVENÖL, KRÄUTER, MEERSALZ** und Pfeffer in einer Mischwanne verrühren, mit den **SCHNITZELN** vermischen und ca. 2 Stunden marinieren. Die Schnitzel danach einzeln auf den Spieß schichten – dabei darauf achten, eine einigermaßen gleichmäßig runde Fleischsäule aufzutürmen. **ROTKRAUT, WEISSKRAUT, EISBERGSALAT, TOMATEN** und **ZWIEBELN** mit einem Gemüsehobel fein hobeln und bereitstellen. Soßen anrühren und bereitstellen. Den Spieß in den Käfig stellen und vor dem Feuer positionieren. Die **FLADENBROTE** knusprig anrösten, in Viertel schneiden und bereitlegen. Den Fleischspieß langsam drehen. Wenn das Fleisch knusprig gebraten ist, vom Feuer wegziehen, Fleisch abschneiden und den Spieß wieder ans Feuer stellen. Gemüse, Fleisch und Soße in die Fladenbrote füllen. Wiederholen, bis alle satt sind.

ZUBEREITUNG KNOBLAUCHSOSSE **EIGELBE, KNOBLAUCHZEHEN** und **ZITRONENSAFT** in den Mixer geben und ca. 10 Sekunden auf mittlerer Stufe zerkleinern. **PFLANZENÖL** in dünnem Strahl dazugießen, bis eine feste Mayonnaise entstanden ist – da geht viel Öl rein! **SAUERRAHM** unterrühren. **AYRAN** in kleinen Mengen dazugeben, bis die gewünschte Konsistenz erreicht ist. Salzen und pfeffern.

ZUBEREITUNG KRÄUTERSOSSE Zubereitung wie bei der Knoblauchsoße, jedoch ohne Knoblauch. Die Kräuter auch nicht mitmixen – außer, man mag grüne Soße –, sondern fein hacken und unter die fertige Soße rühren.

ZUBEREITUNG SCHARFE SOSSE Alle **ZUTATEN**, bis auf das **OLIVENÖL**, in den Mixer geben und auf mittlerer Stufe mixen. Olivenöl hinzufügen, kurz mitmixen und mit Salz würzen.

BAUANLEITUNG FÜR DEN FEUERKÄFIG UND DEN DÖNERSPIESS
AUF DEN FOLGENDEN SEITEN!

Bauanleitung für den Feuerkäfig

MATERIALLISTE FEUERKÄFIG

14 Moniereisen (wie sie auf jeder Baustelle verwendet werden)/Betonrundstahl, 10 mm stark, 150 cm lang (Baufachhandel), Bindedraht 1,2 mm stark

BAUANLEITUNG FEUERKÄFIG

1. 6 Moniereisen werden so gebogen (z. B. im Schraubstock), dass man 6 quadratische Elemente mit einer Seitenlänge von ca. 35 cm erhält. Es kommt hier nicht auf den Millimeter an – wir wollen ja schließlich keine Uhr bauen. Aber die Quadrate sollten schon annähernd gleich sein, da dadurch das spätere Zusammenbinden erleichtert wird.

2. Die Enden der Stäbe werden so umgebogen, dass man sie gut mit dem Bindedraht umwickeln kann.

3. Eines der so entstandenen Quadrate wird nun dort auf den Boden gelegt, wo das Feuer später brennen soll.

4. Die 8 übrigen, geraden Stäbe werden nun innerhalb des auf dem Boden liegenden Quadrats mit einem schweren Hammer in den Boden getrieben, sodass alle gleichmäßig weit herausstehen.

5. Quadrate in gleichmäßigen Abständen mit dem Bindedraht an den aufrechten Stäben befestigen.

6. Das trockene Ofenholz wird nun gleichmäßig in den Feuerkäfig geschichtet und angezündet.

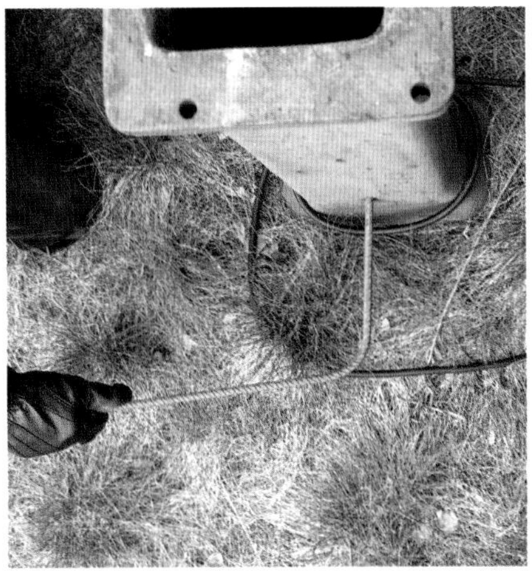

Mann kann natürlich auch einfach die Frauen
die ganze Arbeit machen lassen … ;-)

So sieht der fertige Feuerkäfig aus!

Und nun die Bauanleitung für den Dönerspiess

Mein Spieß besteht aus einem M12-Gewindestab aus Edelstahl, den ich unten kugelrund geschliffen habe und der sich so in einem aufgebohrten Aluminiumklotz auf einer dicken Gewindeschraube dreht. Die Auflage für das Fleisch ist eine Konditorplatte zum Anrichten von Torten. Der Rahmen besteht aus 5 mm starkem Flachstahl vom Schrottplatz, den ich im Schraubstock in Form gebogen habe. Alle Verbindungen sind miteinander verschraubt. Wer schweißen kann, baut so ein Ding im Handumdrehen, die verschraubte Variante dauert etwas länger.

MATERIALLISTE DÖNERSPIESS

2 Stück Flachstahl, 5 mm stark, 40–50 mm breit, 3,6 m lang (Schrottplatz oder Eisenhandel)
4 Stück Flachstahl, 60 cm lang
1 Aluminiumklotz, 50 x 50 x 50 mm, als Lager für den Spieß (Eisenhandel)
Gewindeschneider M5, M12
Gewindeschrauben M5x12
Unterlegscheiben M5
1 Gewindeschraube M12x25
1 Gewindestab M12, Edelstahl, 1 m lang, als Spieß (Baumarkt)
1 Konditorplatte, Edelstahl, Ø 31 cm, mit Fuß als Auflage für das Fleisch (Gastro-Zubehör)
5 Muttern M12, Edelstahl
6 Unterlegscheiben, Ø 30 mm, Edelstahl
2 Schraubzwingen
1 Trennschleifer/Flex
1 Ständerbohrmaschine
1 Schraubstock
HSS-Bohrer, 4,2 mm, 6 mm, 10 mm, 12 mm
Trennscheibe, Schleifscheibe für die Flex
1 Drehrad, z. B. alte Schleifscheibe
1 dünnes Stahlseil, ca. 2 mm stark, 4 m lang, zum Drehen des Spießes (Baumarkt)
alternativ: Schweißgerät

BAUANLEITUNG FÜR DEN DÖNERSPIESS

BAUANLEITUNG DÖNERSPIESS

1. Die 3,6 m langen Flachstähle so biegen, dass zwei Rechtecke mit ca. 80 cm Höhe und ca. 90 cm Breite entstehen. Um das Rechteck zu schließen, muss der Stahl zum Verschrauben etwa 4–5 cm überlappen. Mit einer Schraubzwinge die Enden fixieren und mit dem 4,2-mm-Bohrer vier Löcher bohren. In den unteren Stahl ein M5-Gewinde schneiden, die Löcher des oberen Endes auf 5 mm aufbohren. Die Enden verschrauben. Wenn man die Rechtecke verschweißen will, müssen die Enden nicht überlappen, sondern werden einfach auf Stoß verschweißt. Das Ergebnis: zwei geschlossene Rechtecke mit den gewünschten Maßen, die die Seitenteile unseres Grillspießes bilden werden.

2. Mit den 60 cm langen Stahlstreifen werden jetzt die beiden Rechtecke zu einem standfesten Würfel verbunden. Man benötigt einen „unteren" Streifen, auf dem später das Lager befestigt wird und auf dem sich der Gewindestab dreht, sowie einen „oberen" Streifen, der sich als Führung für den Gewindestab genau über dem unteren Streifen befinden sollte. Außerdem sind zwei „hintere" Streifen zur Stabilisierung des Würfels notwendig. Der obere und der untere Streifen werden jeweils etwa 10 cm von der Vorderkante des Würfels nach innen eingerückt befestigt. Die beiden hinteren Streifen werden etwa 10 cm von Ober- und Unterseite eingerückt verschraubt. Bis auf den oberen können alle Streifen auch verschweißt werden. Der obere Streifen muss verschraubt sein, da er zum späteren Einfädeln des eigentlichen Spießes abnehmbar sein muss.

3. Mit dem 10-mm-Bohrer jetzt mittig ein Loch in den Aluminiumklotz bohren. Dieses sollte schön gerade sein, weshalb eine Ständerbohrmaschine verwendet werden sollte. Mit dem 12-mm-Bohrer den Klotz bis etwa zur Hälfte auf 12 mm aufbohren. Mit dem M12-Gewindeschneider ein Gewinde in das 10er-Loch des Aluminiumklotzes schneiden. Man hat jetzt also einen Klotz, der bis zur Hälfte seiner Dicke ein M12-Gewinde hat und zur anderen Hälfte eine glatte 12er-Bohrung. Das Gewinde dient zur späteren Befestigung am unteren Streifen, die 12er-Bohrung als Aufnahme für den Edelstahlspieß. Bei meinem Spieß habe ich den Alu-Klotz noch rund gedreht – das ist natürlich nicht nötig, mir war nur danach.

4. Genau in der Mitte des oberen und unteren Streifens wird jetzt jeweils ein 12-mm-Loch gebohrt. Der Aluminiumklotz wird auf dem unteren Streifen von unten mit der M12x25-Gewindeschraube verschraubt. Das Loch im oberen Streifen dient zur Führung des Edelstahlspießes.

5. Der Gewindestab aus Edelstahl wird nun mit der Schleifscheibe der Flex an einem Ende rund abgeschliffen. Stellt man ihn in den Aluminiumklotz, ruht er mit dem runden Ende auf der flachen Spitze der M12-Gewindeschraube und lässt sich mühelos drehen.

6. In die Konditorplatte wird nun mittig ein 12-mm-Loch gebohrt. Den Gewindestab in die Konditorplatte einfädeln und mit den 12er-Muttern (Schlüsselweite 19 mm) und den großen Unterlegscheiben etwa 20 cm vom unteren, rund geschliffenen Ende von beiden Seiten fest verschrauben. Hierauf ruhen später 20 kg Fleisch – also die Muttern richtig fest anziehen! Das obere Ende des Gewindestabs wird spitz angeschliffen, damit man später das Fleisch leichter aufspießen kann.

Um den Spieß zu befüllen, muss die obere Schiene abgeschraubt werden. Man nimmt den Spieß heraus und steckt ihn in ein großes Brett, das mit einem Loch versehen wurde und das auf zwei Böcken liegt. Man kann den Spieß auch in eine Werkbank einspannen, wenn man gerade eine zur Hand hat. Den befüllten Spieß wieder in den Alu-Klotz einführen, die obere Schiene anschrauben, das Drehrad mit Muttern und Unterlegscheiben am oberen Ende befestigen und den Spieß an das Feuer stellen. Das dünne Stahlseil wird einmal um das obere Ende der Gewindestange gewickelt, sodass man die beiden Enden des Seils aus sicherer Entfernung in den Händen halten kann. Hält man das Seil unter Spannung und zieht dann an dem einen Ende, dreht sich der Spieß langsam. Zum Abschneiden des Fleisches wird der gesamte Spieß vom Feuer weggezogen. Am Drehrad kann man den Spieß gut festhalten, damit er sich beim Abschneiden des Fleisches nicht dreht.

Wichtig sind zwei Haltepunkte für den schweren Spieß – hier ganz einfach mit dem Metallbohrer in den Rahmen gebohrt.

Egal, was man als Halterung verwendet: Man muss den Dönerspieß gut vom Feuer wegziehen und auch wieder zurückschieben können, weil es rund um die Glut zu heiß ist, um Fleisch vom Spieß zu schneiden.

Wenn Mann alles richtig gemacht hat,
wird es plötzlich ganz leise auf dem Fest.

Dorade im Salzmantel

ZUBEREITUNGSZEIT: CA. 1,5 STUNDEN
DAVON BACKZEIT: CA. 40 MINUTEN

ZUTATEN FÜR 4 PORTIONEN

1 Dorade (ca. 1 kg)
1 unbehandelte Zitrone
3 Knoblauchzehen
2 Zweige Rosmarin
4 Eiweiß
2 kg grobes Meersalz
Olivenöl

WERKZEUGE

große Schüssel
stabiles Backblech
Backpapier

ZUBEREITUNG Falls nicht schon vom Fischhändler erledigt, die **DORADE** ausnehmen, etwas abschuppen, abwaschen und trocken tupfen. Mit einer Schere die Flossen abschneiden. Das ist ratsam, weil sich der Salzmantel dadurch später einfacher vom Fisch lösen lässt. Die **ZITRONE** gut abwaschen, abtrocknen und eine Hälfte in dünne Scheiben schneiden. Die **KNOBLAUCHZEHEN** schälen und halbieren. Den Bauch der Dorade mit den **ROSMARINZWEIGEN**, den Zitronenscheiben und dem Knoblauch füllen. Den Backofen auf 200 °C vorheizen. **EIWEISSE** mit einem Schuss Wasser leicht verschlagen und in einer Schüssel mit dem groben **MEERSALZ** zu einer Masse verrühren. Das Backpapier auf dem Backblech auslegen, einen Teil der Salzmasse so darauf verteilen, dass die Dorade gut darauf Platz hat. 3 kg Fisch und Salz sind ein ganz schönes Gewicht – deshalb unbedingt ein stabiles Backblech verwenden! Den Rest der Salzmasse auf der Dorade verteilen, bis der Fisch komplett vom Salz umhüllt ist. Im Backofen ca. 40 Minuten backen. Mit einem Messer den Salzmantel ringsum aufbrechen und abheben. Die Haut entfernen, die Filets ablösen und beim Anrichten mit gutem **OLIVENÖL** beträufeln. Dazu passen Bratkartoffeln mit Sellerie, Speck und Perlzwiebeln (Seite 28) oder ein Kartoffelgratin (Seite 110).

„Glaubt man der griechischen Mythologie, waren die antiken Doraden, auch Goldbrassen genannt, fiese Streithähne und -hühner, die sich permanent in die Schuppen kriegten – wobei sich Männchen und Weibchen beim Stresspotenzial in nichts nachstanden. Da sich die anderen Meeresbewohner genervt bei Poseidon beschwerten, verwandelte der pragmatische Meeresgott kurzerhand alle Doraden in Zwitter und seitdem ist Ruhe im Meer. Über uns Menschen scheint sich erstaunlicherweise bisher noch niemand beschwert zu haben, wofür wir an dieser Stelle jetzt einfach mal der Dorade danken wollen! Dass sich unser Dank in Form eines Salzmantels und einer Backröhre zeigt, mag zwar zunächst etwas befremden, liegt aber einfach an dem unglaublich zarten, doch festen Fleisch dieses leckeren Mittelmeerbewohners, der seit jeher zu den beliebtesten Speisefischen gehört. Die Zubereitung ist denkbar einfach – und so ein aufgebrochener Salzmantel mit einem feinen Fisch darin sieht auf dem Tisch unverschämt gut aus."

„Ein frischer Fisch hat normalerweise schöne, fest anliegende, rote Kiemen. Die Kiemenblättchen müssen klar erkennbar und dürfen nicht verschleimt oder fleckig sein. Dort sollte der Fisch auch frisch riechen. Außerdem sollten die Augen klar und nicht eingefallen sein. Die Haut sollte einen natürlichen Glanz haben, straff sein und keine Dellen aufweisen. Die Schuppen müssen fest sitzen."

Eis: Casheweiscreme, Erdnusseiscreme, Himbeereis

„Um leckere Eiscreme zuzubereiten, braucht man nicht unbedingt eine Eismaschine. Ein guter (!) Mixer reicht völlig aus und das Eis ist auch ruck, zuck fertig. Wichtige Voraussetzung bei diesen Rezepten ist natürlich, dass sämtliche Zutaten so kalt wie möglich sind. Eine Ausnahme bilden Eiscremes, die mit stark ölhaltigen Nusspasten wie Erdnussbutter, Cashew- oder Mandelmus hergestellt werden. Hierfür püriert man 200 g nur leicht gekühltes Mus mit allen weiteren Zutaten und 15 Eiswürfeln. Klingt unglaublich, funktioniert aber hervorragend. An dieser Stelle einen Dank an den Erfinder dieser tollen Methode: Vegankoch Attila Hildmann! Einfache Küchenmixer stoßen hierbei in der Regel an ihre Grenzen. Wer oft kocht und sich lästige Arbeiten ersparen will, sollte einen professionellen Mixer wie z. B. den Vitamix anschaffen. Leider teuer, aber richtig gut."

WERKZEUGE kleine Bratpfanne, Holzspatel, Backpapier, Mixer, Eiswürfelbeutel

Casheweiscreme

ZUBEREITUNGSZEIT: CA. 5 MINUTEN

ZUTATEN FÜR 4–5 PORTIONEN

- 2 Vanilleschoten
- 200 g Cashewmus (Bioladen)
- 35 ml Agavendicksaft
- 15 Eiswürfel
- 1 Prise Meersalz

ZUBEREITUNG **VANILLESCHOTEN** halbieren und auskratzen. Vanillemark mit allen anderen **ZUTATEN** im Mixer ca. 1 Minute pürieren.

Erdnusseiscreme

ZUBEREITUNGSZEIT: CA. 5 MINUTEN

ZUTATEN FÜR 4–5 PORTIONEN

- 200 g Erdnussbutter
- 30 ml Agavendicksaft oder Zuckersirup
- 15 Eiswürfel

ZUBEREITUNG Alle **ZUTATEN** in den Mixer geben und ca. 1 Minute pürieren.

Himbeereis

ZUBEREITUNGSZEIT: CA. 20 MINUTEN

ZUTATEN FÜR 4–5 PORTIONEN

- 150 ml Sahne
- 1 Zweig Rosmarin
- 30 g Zucker
- 30 g Butter
- 200 g TK-Himbeeren
- Saft von ½ Zitrone
- 40 ml Agavendicksaft oder Zuckersirup

ZUBEREITUNG **SAHNE** in Eiswürfelbeutel oder -formen füllen und einfrieren – das dauert etwa 4–5 Stunden. Sie lässt sich dadurch wesentlich besser portionieren und man spart sich das mühsame Zerkleinern eines gefrorenen Sahnebrockens. Den **ROSMARIN** zupfen und beiseitelegen. **ZUCKER** in der Bratpfanne langsam auf kleiner Flamme erhitzen, bis er schmilzt. **BUTTER** und Rosmarin dazugeben, die Hitze reduzieren. Unter ständigem Rühren mit einem Holzspatel bei schwacher Hitze flüssiges Karamell herstellen. Wenn die Butter komplett eingearbeitet und eine cremige Masse entstanden ist, das Karamell auf das Backpapier gießen und erkalten lassen. Die Pfanne möglichst sofort reinigen, später wird's hart! Wenn möglich, den Mixerbecher für 15 Minuten in die Kühltruhe legen. Ein wenig von dem Karamell als Dekoration beiseitelegen, den Rest grob zerkleinern. Die gefrorenen **HIMBEEREN**, die gefrorene Sahne, das grob zerkleinerte Karamell, **ZITRONENSAFT** und **AGAVENDICKSAFT** in den Mixer geben, schnell zu einer Eiscreme pürieren und sofort servieren.

Erdnusseiscreme

Casheweiscreme

ZUBEREITUNG SEITE 64

Himbeereis

Zubereitung Seite 64

Ente à l'orange mit Semmelknödeln

ZUBEREITUNGSZEIT DER ENTE: CA. 2,5 STUNDEN
ZUBEREITUNGSZEIT DER KNÖDEL: CA. 1 STUNDE

ZUTATEN FÜR 4 PORTIONEN

ENTE À L'ORANGE

2 EL Butterschmalz
1 ganze, junge Ente (ca. 1,5 kg)
200 ml Weißwein
4 Orangen
40 ml Grand Marnier (Orangenlikör)
150 ml Geflügelfond
1 TL Sanddorn- oder Orangenkonfitüre
1 Lorbeerblatt
1 TL kalte Butter
Salz, Pfeffer aus der Mühle

SEMMELKNÖDEL

6 Brötchen vom Vortag
1 Prise Muskat
250 ml warme Milch
1 große Zwiebel
1 TL Butter zum Anschwitzen
50 g Butter
3 Eier
2 gehäufte EL gehackte Petersilie
40 g Mehl
Salz, Pfeffer aus der Mühle

ZUBEREITUNG ENTE Den Backofen auf 220 °C vorheizen. Das **BUTTERSCHMALZ** in den Gansbräter geben und im Ofen erhitzen. Die **ENTE** innen und außen salzen und pfeffern, ca. 20 Minuten im Bräter anbraten, dabei mehrmals mit dem heißen Butterschmalz übergießen. Den **WEISSWEIN** dazugeben, die Hitze auf 200 °C reduzieren und ca. 1 Stunde weitergaren. Etwa alle 20 Minuten die Ente mit dem Bratfond übergießen. 2 **ORANGEN** waschen, trocken tupfen, die Schale abreiben oder besser noch mit einem Zestenreißer abziehen. Den Saft von 2–3 Orangen auspressen (es sollten etwa 200 ml Saft sein). 1 Orange filetieren, mit einem sehr scharfen Messer die weiße Haut wegschneiden. Zwischen den Orangenhäuten Schnitze ausschneiden (es darf keine Haut mehr an den Stücken haften). Die Filets beiseitestellen. Nach ca. 1,5 Stunden Bratzeit Orangensaft zur Ente geben, ggf. Hitze auf 180 °C reduzieren und ca. 50 Minuten weiterbraten. Nach ca. 30 Minuten 30 ml **GRAND MARNIER** über die Ente gießen und ca. 20 Minuten fertig garen. Die Ente herausnehmen und auf einem großen Teller im Ofen bei 70 °C warm halten. Den entstandenen Bratenfond durch ein feines Sieb in einen Soßentopf passieren und das obenauf schwimmende Bratfett mit einem Löffel abschöpfen. **GEFLÜGELFOND**, 1 EL Orangenabrieb, die **KONFITÜRE** und das **LORBEERBLATT** dazugeben und bei hoher Flamme zügig einkochen lassen, bis eine geschmeidige Soße entstanden ist – aber nicht anbrennen lassen! Den restlichen Grand Marnier hinzufügen, vom Feuer nehmen, mit Salz und Pfeffer abschmecken. Die kalte **BUTTER** unterrühren und beiseitestellen. Die Ente tranchieren und mit den Semmelknödeln anrichten. Kurz vor dem Servieren die Soße kurz erhitzen, aber nicht kochen lassen. Die Orangenfilets in die heiße Soße legen. Die Soße separat zur Ente reichen.

ZUBEREITUNG SEMMELKNÖDEL Die **BRÖTCHEN** in feine Würfel oder Streifen schneiden, salzen und etwas pfeffern, geriebenen **MUSKAT** hinzufügen und in einer Rührschüssel mit der warmen **MILCH** übergießen. Durchrühren und ca. 15 Minuten ziehen lassen. Die **ZWIEBEL** schälen, fein würfeln und in 1 TL **BUTTER** glasig anschwitzen. 50 g Butter schaumig rühren. Die Butter muss dafür zimmerwarm sein und wird mit einem Schneebesen geschlagen, bis sie leicht fluffig ist. Die **EIER** verquirlen und mit Zwiebelwürfeln, **PETERSILIE**, schaumiger Butter und **MEHL** zur Knödelmasse geben. Alles gut vermengen, abschmecken, ggf. nachsalzen und weitere 20 Minuten abgedeckt ziehen lassen. Die Masse auf ein großes Stück Alufolie geben und zu einer länglichen Rolle formen, die gerade noch in den Kochtopf passen sollte. Die Rolle an den Enden zusammendrehen und in ein weiteres Stück Alufolie einwickeln. Einen großen Kochtopf etwa 5 cm hoch mit Wasser füllen. 2 Kaffeetassen oder etwas Ähnliches hineinstellen und die Knödelrolle auf die Tassen legen. Der Knödel soll im Dampf garen und sollte daher keinen Kontakt mit der Wasseroberfläche haben. Auf mittlerer Flamme das Wasser zum Kochen bringen und den Semmelknödel ca. 30 Minuten dämpfen. Wenn sich der Knödel fest anfühlt, herausnehmen, auspacken und in ca. 2 cm dicke Scheiben schneiden.

WERKZEUGE

Gansbräter
Soßentopf
feines Sieb
Schöpflöffel
Zestenreißer oder Reibe
Rührschüssel
Alufolie
großer Kochtopf
2 Kaffeetassen

„Ich finde, dass Semmelknödel sehr gut zu Ente passen. Außerdem lassen sie sich ideal während des Bratens der Ente – oder auch schon früher – vorbereiten und müssen dann nur noch gegart werden. Wem das zu rustikal erscheint, kann stattdessen in Butter geschwenkte Pellkartoffeln oder Kartoffelgratin zubereiten. Als Gemüsebeilage passen beispielsweise karamellisierte Möhrchen, Zuckererbsen oder Spitzkohl."

„Zitrusfrüchte und Geflügel sind so gute Kumpels, dass man sie auf der ganzen Welt gemeinsam bei leckeren Gerichten antrifft. Die süße Orange ist erst seit dem 15. Jahrhundert bei uns bekannt, war jedoch als Bitterorange oder Pomeranze schon im 11. Jahrhundert verbreitet. Bitterorangen finden kulinarisch jedoch kaum eine Anwendung – mit Ausnahme von englischer Orangenmarmelade, Orangeat und einigen bitteren Likören und Limonaden. Ganz anders sieht das natürlich bei ihrer süßen Schwester aus, die sich sehr gerne mal mit der Ente in der Küche trifft. Die Canard à l'orange ist eine französische Interpretation dieser gelungenen Paarung und gehört zu den absoluten Küchenklassikern. Die entstehende Soße ist unglaublich schmackhaft und süßlich, herzhaft, schwer und leicht zugleich – einfach großartig!"

Ente à l'orange mit Semmelknödeln

Zubereitung Seiten 68–69

Diese Ente beflügelt einfach jeden Mann!

F WIE FEIERN MIT FREUNDEN

GUTE KUMPELS HELFEN GERN,
CHIANTI-FLASCHEN FÜRS
„FAGIOLI AL FIASCO" ZU LEEREN.

ZUBEREITUNG SEITE 74

Fagioli al fiasco

ZUBEREITUNGSZEIT: CA. 30 MINUTEN
KOCHZEIT: CA. 3 STUNDEN
VORBEREITUNGSZEIT: CA. 12 STUNDEN

ZUTATEN FÜR 4 PORTIONEN

200 g weiße Bohnen (z. B. Canellini)
50 g Bauchspeck
2 Scheiben Parmaschinken
5 Knoblauchzehen
10 Salbeiblätter
1–2 scharfe Peperoni (getrocknet oder frisch)
ca. 20 Körner schwarzer, zerstoßener Pfeffer
1 gestr. TL Meersalz
ca. 150 ml Olivenöl

WERKZEUGE

Chianti-Flasche (0,75 l)
Leinen- oder Baumwollstoff
kleine Schüssel oder tiefer Teller
Essstäbchen

ZUBEREITUNG Die **BOHNEN** max. 12 Stunden in kaltem Wasser einweichen. Backofen auf 140 °C vorheizen. **BAUCHSPECK, PARMASCHINKEN, KNOBLAUCHZEHEN** und **SALBEIBLÄTTER** so klein schneiden, dass man alles ohne Widerstand in die Flasche und später auch wieder heraus bekommt. Alle Zutaten mit den Bohnen, den unzerkleinerten **PEPERONI**, den **PFEFFERKÖRNERN** und **MEERSALZ** in die Flasche schichten. Der Flaschenhals muss frei bleiben, da sonst alles heftig überkocht. Die Flasche bis knapp unter die Hälfte mit **OLIVENÖL** füllen, kaltes Wasser dazugießen, bis die Bohnen gut bedeckt sind, und die Flaschenöffnung mit einem Stück Stoff (Leinen oder Baumwolle – kein Synthetikstoff!) nicht zu fest ausstopfen. Die Flasche in einen tiefen, feuerfesten Teller oder eine kleine Schüssel stellen, um das ausfließende Öl aufzufangen, und für 2,5–3 Stunden auf die unterste Schiene oder den Ofenboden stellen. Ab und zu nachsehen, ob die Bohnen noch mit Flüssigkeit bedeckt sind und ggf. etwas Öl oder Wasser nachgießen. Nach dem Herausnehmen die Flasche etwas abkühlen lassen und die Bohnen in eine Schüssel schütten – das ist der schwierigste Teil bei diesem Rezept. Hilfreich ist ein Essstäbchen (Chopstick), mit dem man etwas nachstochern kann. Die Fagioli sollten am besten warm genossen werden, schmecken aber auch kalt ganz hervorragend.

„Für dieses lustige Gericht aus der Toskana wurde ursprünglich die ohnehin beim Brotbacken entstehende Wärme im Steinofen genutzt, um die Bohnen langsam und unkompliziert im vorderen, etwas kühleren Teil des Ofens in kleine Geschmacksbomben zu verwandeln. Und da man in der provinziellen Küche oft und gerne Mittel einsetzt, die gerade zur Hand sind, ist die Verwendung einer Chianti-Flasche in diesem Fall sicher einleuchtend. Man könnte natürlich auch jede andere Flasche verwenden, aber die bauchige Form des klassischen Chianti-Ballons ist hierfür geradezu ideal. Normalerweise fassen diese Gebinde 1,5 l Wein und nicht wie bei diesem Rezept nur 0,75 l – aber die großen Flaschen sind für manche Backöfen zu hoch. Einfach mal ausprobieren! Wenn die große Flasche passt, würde ich diese auch verwenden. Die Zutaten müssen dann entsprechend angepasst, also verdoppelt werden. Die Fagioli sind als Beilage fast zu schade und sollten eher als Vorspeise mit frischem Weißbrot oder als Pastagericht mit kleinen Nudeln und etwas Parmesan gereicht werden."

Filet Wellington auf Spitzkohl mit Madeirasoße

ZUBEREITUNGSZEIT: CA. 2,5 STUNDEN

ZUTATEN FÜR 5–6 PORTIONEN

MADEIRASOSSE

Parüren vom Filet (Sehnen, Fett etc.)
1 Zwiebel
1 EL Butterschmalz
20 ml Cognac
400 ml Rinderfond
10 zerstoßene Wacholderbeeren
50 ml Madeira-Wein
1 gehäufter TL Hagebuttenkonfitüre
1 TL kalte Butter
Salz, roter Pfeffer aus der Mühle

FILET WELLINGTON

2 EL Butterschmalz
1 Rinderfilet (ca. 1,3 kg)
3 Schalotten
1 kleines Bund Petersilie
500 g Kräuterseitlinge oder Champignons
30 ml Sahne
40 ml Madeira-Wein
600 g Blätterteig
100 g Foie gras oder Kalbsleberpastete
1 Eigelb
Salz, Pfeffer aus der Mühle

SPITZKOHL

1 gestr. TL Kümmel
1 Spitzkohl (ca. 1 kg)
2 EL Butter
Salz, Pfeffer aus der Mühle

WERKZEUGE

Stieltöpfe
Passiersieb
Stabfeuerzeug
große Bratpfanne
Backblech
Backpapier

ZUBEREITUNG MADEIRASOSSE „Die Soße sollte als Erstes vorbereitet werden, da man sie – im Gegensatz zum Filet – leicht warm halten kann." Das **RINDERFILET** (siehe Zutaten „Filet Wellington") abspülen, trocken tupfen, von Sehnen befreien (parieren) und abgedeckt beiseitestellen. Die Parüren nicht wegwerfen. Die **ZWIEBEL** schälen und fein würfeln. **BUTTERSCHMALZ** in einem Stieltopf erhitzen, die Parüren darin scharf anbraten. Die Zwiebelwürfel hinzufügen und ca. 5 Minuten mitbraten. Den **COGNAC** dazugeben und unter Rühren flambieren (Vorsicht: Stichflamme!). Sobald die Flammen erloschen sind, den **RINDERFOND** angießen, den Bratensatz lösen und die zerstoßenen **WACHOLDERBEEREN** dazugeben. Alles bei kleiner Flamme auf etwa die Hälfte reduzieren. Die Soße durch ein Sieb passieren, **MADEIRA-WEIN** dazugießen und weiter reduzieren. Kurz vor dem Servieren die **HAGEBUTTENKONFITÜRE** unterrühren, mit der kalten **BUTTER** abziehen, ggf. mit Salz und Pfeffer abschmecken.

ZUBEREITUNG FILET In einer großen, schweren Bratpfanne das **BUTTERSCHMALZ** stark erhitzen. Das Rinderfilet (zimmerwarm, nicht direkt aus dem Kühlschrank) ringsum salzen und pfeffern und allseitig je 2 Minuten scharf anbraten. Filet aus der Pfanne nehmen und abkühlen lassen. **SCHALOTTEN**, **PETERSILIE** und **KRÄUTERSEITLINGE** putzen und fein schneiden. Die Schalotten in einem Stieltopf anschwitzen, die Pilze dazugeben und dünsten, bis die meiste Flüssigkeit verdampft ist. Die **SAHNE** und den **MADEIRA-WEIN** dazugießen und bei stärkerer Hitze die Flüssigkeit verdampfen lassen. Die Masse sollte eine etwas festere Konsistenz haben, also nicht zu flüssig sein. Den Topf von der Flamme nehmen und die gehackte Petersilie unterheben. Mit wenig Salz und Pfeffer abschmecken und beiseitestellen. Den Backofen auf 220 °C vorheizen. Auf einer leicht bemehlten Fläche den **BLÄTTERTEIG** übereinanderlegen und zu einem Rechteck ausrollen, das groß genug ist, das Filet großzügig zu umhüllen. Einen etwa 3 cm breiten Streifen für die spätere Deko vom Teig abschneiden und beiseitelegen. Das Filet trocken tupfen, allseitig mit der **LEBERPASTETE** einstreichen, auf den Teig legen und mit der Pilzfarce bestreichen. Mit dem Blätterteig einwickeln, alle Enden gut verschließen und andrücken. Den Deko-Streifen oben auf das Paket legen und das Filet mit leicht verdünntem (1 TL Wasser) **EIGELB** bestreichen, besonders die zuvor verschlossenen Stellen, wo der Teig überlappt. Ein Backblech mit Backpapier auskleiden, das Filet darauflegen und 40–45 Minuten backen – Kerntemperatur für das Fleischthermometer: 54 °C. Wenn das Filet fertig ist, muss es noch ca. 5 Minuten ruhen. In dieser Zeit kann der Spitzkohl zubereitet werden.

ZUBEREITUNG SPITZKOHL **KÜMMEL** in der großen Pfanne ohne Öl kurz anrösten. **SPITZKOHL** waschen, in Streifen schneiden. **BUTTER** zum Kümmel in die Pfanne geben, den Spitzkohl bei großer Flamme etwa 2 Minuten dünsten. Mit Salz und Pfeffer würzen. Das Filet an einem Ende anschneiden und den austretenden Fleischsaft abgießen. In gleich große, etwa 4–5 cm dicke Stücke schneiden, den Spitzkohl auf angewärmte Teller geben und das Fleisch auf den Spitzkohl legen. Die heiße Soße angießen und sofort servieren.

F WIE FREUNDE FISCHEN

FISCH SELBST RÄUCHERN

DER BUNDESGESUNDHEITSMINISTER WARNT: RÄUCHERN KANN SPASS MACHEN!

Räuchern. Das klingt aufwendig und archaisch, nach Spezialwissen und Spezialgeräten, die groß und sperrig sind, permanente Aufmerksamkeit erfordern und besser nicht im Wohnzimmer betrieben werden. Oder nach rabenschwarzen, alten Dachstühlen, in denen etliche Schinken wochenlang im Buchenrauch vor sich hin baumeln. Was für ein schönes Bild! Tatsächlich ist das Räuchern – neben dem Dörren und Salzen – eine der ältesten Methoden zur Haltbarmachung von Lebensmitteln und war wahrscheinlich schon den Neandertalern bekannt. Obwohl man heute weiß, dass unsere Vorfahren weder tumb noch ungeschickt waren, sondern ganz schön clever, war die konservierende Wirkung von Rauch wohl eher ein zufällig beobachteter Effekt beim zum Trocknen aufgehängten Fleisch. Erst mit der Entdeckung der Mikroorganismen als Verursacher des Verderbens von Lebensmitteln wurde die antimikrobielle Wirkung von Rauch auch wissenschaftlich erklärt. Wir wollen uns hier allerdings mit einer anderen Räuchermethode befassen, bei der der Fisch sowohl gegart, als auch geräuchert wird: dem Heißräuchern. Das geht schnell, ist unkompliziert, kann nebenbei am Lagerfeuer erledigt werden und sorgt für extrem leckere Ergebnisse. Man braucht nur einen alten Topf oder einen Blecheimer, ein paar Späne, etwas Alufolie – und ab geht die Post!

Forelle, topfgeräuchert

Fisch, topfgeräuchert

ZUBEREITUNGSZEIT (OHNE FEUERMACHEN): CA. 40 MINUTEN
EINLEGEZEIT: CA. 10 STUNDEN

ZUTATEN FÜR 4 PORTIONEN

1 kg Salz
10 l Wasser
4 etwa gleich große Forellen (oder Makrele, Aal, Bückling)

WERKZEUGE

möglichst großer, alter Topf mit Deckel (z. B. Gansbräter)
passender Grillrost o. Ä.
Alufolie
Buchenhobelspäne oder Räucherspäne (Anglerbedarf)
3–4 Steine

ZUBEREITUNG In einem großen Topf oder Eimer das Salz in Wasser auflösen. Die **FISCHE** in die Salzlake legen. Nach ca. 10 Stunden herausnehmen, abwaschen und gut trocken reiben. Abschuppen ist nicht nötig. Das Wasser wegschütten. Verwendet man selbst gehobelte Späne oder Späne vom Tischler, sollte man diese so klein wie möglich zerreiben. Je weniger Luft sich später zwischen den Spänen befindet und je dichter sie liegen, desto besser. Den Räuchertopf zu ⅔ mit den Spänen füllen und diese fest zusammendrücken. 2–3 Schichten Alufolie darüberlegen und die Ränder etwas nach oben knicken. Die Alufolie ist wichtig: Sie verhindert, dass die aus dem Fisch austretende Flüssigkeit auf die Räucherspäne tropft, wodurch gesundheitsschädliche Dämpfe entstehen würden. „Optimal wäre es jetzt, wenn man einen passenden Rost zur Hand hätte, der sich so im Topf befestigen ließe, dass die Fische sich ‚frei' über der Folie befinden, wo sie von allen Seiten vom Rauch umhüllt werden können. Da wir es aber so einfach wie möglich halten wollen, legen wir die Forellen direkt auf die Alufolie. Dank des dicken Spänepolsters besteht auch keine Gefahr, dass etwas anbrennt." Die Fische in den Topf legen, Deckel drauf – und den Topf auf 3–4 Steinen über die Glut stellen. Ist kein Deckel zur Hand, geht auch ein passendes Brett. Man braucht keine starke Hitze, aber die Späne müssen zum Schwelen gebracht werden. Ist die Hitze zu hoch, verglühen die Späne und der Fisch wird gebraten und nicht geräuchert – auch nicht schlecht, aber nicht unser Ziel. Beim Heißräuchern benötigt man eine Temperatur zwischen 60 °C und 110 °C im Topf, um einerseits den Fisch zu garen, aber auch, um schädliche Keime abzutöten. Handelsübliche Tischräucheröfen (so was gibt's auch) werden mit 1–2 Spiritusbrennern, wie man sie von Warmhaltebehältern oder Stövchen kennt, befeuert. Diese Hitze reicht völlig aus. Also nicht übertreiben – Hauptsache, es raucht! Nach 30–40 Minuten sind die Fische fertig, butterzart und haben ein tolles Raucharoma.

„Man kann Räucherspäne und Räuchermehl natürlich auch für kleines Geld im Anglerbedarf kaufen. Im Gegensatz zu den Hobelspänen sind die sehr fein zerkleinerten Räuchermittel wesentlich sparsamer zu dosieren. Verwendet man diese, benötigt man einen passenden Rost, der – mit Alufolie bedeckt – mindestens 5–6 cm über den Spänen liegen sollte."

Makrele, topfgeräuchert

Forellenterrine mit grünem Pfeffer

ZUBEREITUNGSZEIT: CA. 20 MINUTEN
KÜHLZEIT: CA. 2 STUNDEN

ZUTATEN FÜR 8 PORTIONEN

8 Blatt Gelatine
375 g geräucherte Forellenfilets
300 ml Sahne
1 Bund Petersilie
1 Bund Schnittlauch
1 Bund Dill
4 TL grüne Pfefferkörner
1 Zitrone
1 TL Meersalz

WERKZEUGE

Mixer oder Pürierstab
Rührschüssel
Schneebesen oder Handrührgerät
kleiner Topf
Kuchen- oder Terrinenform
Frischhaltefolie

ZUBEREITUNG Die **GELATINE** in kaltem Wasser ca. 10 Minuten einweichen. Währenddessen die **FORELLENFILETS** mit der Hälfte der flüssigen **SAHNE** im Mixer pürieren. Den Rest der Sahne steif schlagen. Die **KRÄUTER** waschen, trocken schütteln und klein hacken. Forellenmousse, Kräuter – etwas Dill für die Dekoration beiseitelegen – und **PFEFFERKÖRNER** unter die Sahne heben. Die eingeweichte Gelatine gut ausdrücken und ohne Wasser leicht erhitzen, bis sie flüssig ist. Die Gelatine darf auf keinen Fall kochen, da sie sonst nicht mehr fest wird. ½ **ZITRONE** auspressen. Die Forellenmousse mit **MEERSALZ** und Zitronensaft abschmecken. 1–2 EL von der kalten Mousse in die Gelatine rühren, damit sie sich abkühlt. Gelatine zur Forellenmousse geben und gut verrühren. Eine Terrinen- oder rechteckige Kuchenform mit Frischhaltefolie auskleiden, die Forellenmousse hineinfüllen. Im Kühlschrank etwa 2 Stunden kühl stellen. Zum Anrichten aus der Form stürzen, Folie entfernen und Terrine in ca. 2 cm dicke Scheiben schneiden. Mit etwas Dill und Zitrone garnieren und mit Weißbrot oder Pumpernickel servieren.

„Diese leckere, kalte Vorspeise ist schnell gemacht und eignet sich auch hervorragend als Zwischengang. Man kann sie problemlos am Vortag zubereiten. Eine Terrine unterscheidet sich von einer Pastete darin, dass sie nicht in einen Teig gehüllt wird. Benannt ist sie nach dem Steingutgefäß, in dem man sie zubereitet, eben der ‚Terrine', was so viel heißt wie ‚Irdene' oder ‚aus Erde'. Damit ist natürlich der Ton gemeint, aus dem sie besteht. Normalerweise werden Terrinen im Wasserbad gegart. Diese Variante kommt nach der Zubereitung einfach in den Kühlschrank – und schmeckt grandios. Allons, enfants de la terrine!"

Fusilli Cilento

ZUBEREITUNGSZEIT: CA. 3,5 STUNDEN

ZUTATEN FÜR 4 PORTIONEN

FUSILLI

600 g Hartweizengrieß
(z. B. von De Cecco)
2 große Eier
2 EL Olivenöl
2 Prisen feines Meersalz
50 ml Wasser

TOMATENSOSSE

2 große Dosen geschälte Tomaten
(à 800 g)
4 Knoblauchzehen
6 EL Olivenöl
3 Gewürznelken
2 Lorbeerblätter
etwas frisch geriebener Parmesan
oder Pecorino
Salz, Pfeffer aus der Mühle

WERKZEUGE

Rührschüssel
Nudelmaschine oder Nudelholz
Frischhaltefolie
langes Messer
Fusillistab oder dünne Stricknadel
3–4 saubere Leinentücher
(Küchentücher)
1 mittelgroßer Soßentopf (ca. 3 l)
1 großer Nudeltopf (ca. 4–5 l)

ZUBEREITUNG FUSILLI Den **HARTWEIZENGRIESS** in die Rührschüssel geben. Die **EIER** mit **OLIVENÖL, MEERSALZ** und einem kleinen Schuss Wasser verrühren und mit dem Hartweizengrieß zu einem geschmeidigen Teig verkneten. Den Teig in Frischhaltefolie einwickeln und im Kühlschrank 20 Minuten ruhen lassen. Teig in 4 gleich große Stücke schneiden und zu etwa 3 mm dicken Platten ausrollen (ggf. mithilfe der Nudelmaschine). Die Teigplatten senkrecht mit einem möglichst langen Messer in 1,5 cm breite Streifen schneiden, diese dann waagerecht in etwa 2,5 cm breite Stücke zerteilen. Die so entstandenen kleinen Rechtecke ergeben jeweils eine Nudel. Mit dem Fusillistab oder der Stricknadel die Rechtecke zu 8–10 cm langen Nudeln rollen. Statt der Rechtecke kann man auch dünne Teigwürste mit den Händen ausrollen, diese in 5 cm lange Stücke schneiden und dann zu Fusilli verarbeiten. Die Nudeln auf einem sauberen Leinentuchauslegen und ca. 1 Stunde trocknen lassen. Im großen Nudeltopf in sprudelndem Salzwasser ca. 5–6 Minuten al dente kochen. „Der Fusillistab ist eine etwa 30 cm lange Vierkantstahlnadel von etwa 2 mm Dicke. Angeblich verwendete man früher die Speichen eines Regenschirms zur Herstellung von Fusilli. Eine Stricknadel erfüllt den gleichen Zweck."

ZUBEREITUNG TOMATENSOSSE Die **DOSENTOMATEN** in Stücke schneiden und beiseitestellen. Die **KNOBLAUCHZEHEN** schälen und in dünne Scheiben schneiden. Das **OLIVENÖL** in einem Topf so stark erhitzen, dass es fast raucht. Knoblauch in das heiße Öl geben und max. 15 Sekunden anbraten. Dann geschnittene Tomaten und **GEWÜRZNELKEN** dazugeben, umrühren, abdecken, die Hitze reduzieren und die Soße etwa 1,5–2 Stunden auf kleiner Flamme leise köcheln lassen. Dabei mehrmals umrühren, damit die Soße nicht anbrennt. Nach ca. 1 Stunde die **LORBEERBLÄTTER** dazugeben. Die Soße ist fertig, wenn sich keine Flüssigkeit mehr auf ihrer Oberfläche absetzt. Eher großzügig salzen, nach Geschmack pfeffern, Herd ausschalten und etwa 10 Minuten abgedeckt ziehen lassen. Die Soße mit den heißen Nudeln vermischen, mit etwas **PARMESAN** bestreuen und sofort servieren.

Fusilli Cilento

Diese bei uns kaum bekannte Pasta aus der Campagna, genauer gesagt aus dem Cilento, stellt für mich den Heiligen Gral der Nudeln dar: einfach und bodenständig im Auftreten, aber aufwendig in der Herstellung, unvergleichlich im Biss, in der Fleischigkeit und in der Konsistenz. Die Herstellung jeder einzelnen Fusilli mit einer Stricknadel erfordert zwar etwas Übung, viel falsch machen kann man jedoch nicht. Also: Do it!

Garnelen im Wok

ZUBEREITUNGSZEIT: CA. 1 STUNDE

ZUTATEN FÜR 4 PORTIONEN

2 kg Gambas oder Garnelen aus dem Eismeer
5 Knoblauchzehen
1 Chilischote
100 ml Oliven- oder Erdnussöl
0,2 l halbtrockener Weißwein
1 großes Bund frischer Koriander
10 g kalte Butter
1 gehäufter TL Meersalz
Pfeffer aus der Mühle

WERKZEUGE

Schere
scharfes Messer
Holzspatel
Sieb
Wok

ZUBEREITUNG Mit einer Schere die Beine der **GAMBAS** abschneiden und wegwerfen. Am Rücken mit einem scharfen Messer der Länge nach einschneiden und den Darm entfernen – das ist ein schwarzer Faden, der in einem Stück herausgezogen wird (bei Eismeergarnelen nicht nötig). Die Garnelen in einem Sieb mit kaltem Wasser abspülen. **KNOBLAUCHZEHEN** und **CHILISCHOTE** putzen und fein schneiden. Den Wok zuerst aufheizen, dann das **ÖL** hineingeben und stark erhitzen. Die Garnelen in das heiße Öl geben und bei voller Hitze kurz anbraten. Dabei die Garnelen mit einem Holzspatel wenden, bis sie etwas Farbe bekommen haben, aber noch nicht komplett rot sind. Knoblauch und Chili dazugeben und 2 Minuten mitrösten. Wenn alle Garnelen rot sind, gut salzen und pfeffern und mit dem **WEISSWEIN** ablöschen. Bei voller Hitze ca. 10 Minuten weiterkochen, dabei die Garnelen ab und zu unter den Sud heben. Nicht zu viel rühren, da sich sonst die Garnelenköpfe lösen und abfallen. Den **KORIANDER** waschen, trocken schütteln und fein schneiden. Den Herd ausschalten und den Koriander mit der kalten **BUTTER** unterheben. Den Sud abschmecken und ggf. nachwürzen. Sofort direkt im Wok servieren. Dazu frisches Baguette und knackigen Salat reichen.

„Ich kenne eigentlich niemanden, der keine Garnelen mag. Die große Beliebtheit führte allerdings – besonders in Asien und Südamerika – zu industriell geführten, riesigen Zuchtanlagen, deren verheerende Wirkung auf die umgebende Flora und Fauna mittlerweile jedem bekannt sein sollte. Eismeergarnelen werden wild gefangen und gehören (noch) nicht zu den bedrohten oder überfischten Arten, weshalb man sie durchaus für sich und ein paar Freunde auf den Tisch stellen darf. Sie sind zwar kleiner als Riesengarnelen, aber sehr lecker. Ohne viel Tamtam – einfach mit den Fingern aus dem Wok geklaubt – wird dieses Essen zu einer ausgesprochen geselligen Veranstaltung, bei der garantiert alle satt werden!"

Grillgemüse

WERKZEUGE Alufolie, Teelöffel, kleine Schüssel, Küchenkrepp, 4–6 Grillspieße aus Stahl, Kochtopf (ca. 2 l)

Grillchampignons, gefüllt

ZUBEREITUNGSZEIT: CA. 15 MINUTEN
GRILLZEIT: CA. 30 MINUTEN

ZUTATEN FÜR 4 PORTIONEN
1 Bund frischer Salbei
2–3 Knoblauchzehen
3 EL Butter
12 große Champignons
Salz, Pfeffer aus der Mühle

ZUBEREITUNG **SALBEI** waschen, trocken schütteln und fein hacken. **KNOBLAUCHZEHEN** schälen und ebenfalls fein hacken. Salbei und Knoblauch mit **BUTTER,** Salz und Pfeffer vermengen. **CHAMPIGNONS** putzen, die Stiele herausschneiden und die Gewürzbutter in die Pilzköpfe füllen. Die Champignons mit der gefüllten Seite nach oben in Alufolie wickeln, sodass beim Grillen kein Saft austreten kann. Je nach Hitze 15–25 Minuten grillen. Nicht wenden! Auspacken und möglichst heiß servieren.

Grillkartoffeln mit Speck

ZUBEREITUNGSZEIT: CA. 40 MINUTEN
GRILLZEIT: CA. 15 MINUTEN

ZUTATEN FÜR 4 PORTIONEN
500 g kleine Kartoffeln
6–8 Scheiben fetter Speck (Lardo, Bacon o. Ä.)
Salz für das Kochwasser (ca. 20 g)

ZUBEREITUNG **KARTOFFELN** gründlich waschen und ungeschält in Salzwasser gar kochen, abgießen und etwas abkühlen lassen. Abwechselnd je eine Kartoffel, etwas **SPECK,** wieder eine Kartoffel usw. auf Grillspieße stecken. Circa 15 Minuten knusprig grillen.

„Beim Grillen hat sich in den vergangenen Jahren so einiges getan. Rostige Blechschüsseln mit wackeligen Beinen, die einmal im Jahr aus dem feuchten Schuppen gezerrt werden, sieht man immer seltener. Hightech-Öfen mit eingebautem Thermometer, modularen Mehrzonenablagen, Kranhauben und Brikettportionierern sind hingegen gar nichts Besonderes mehr und bieten eine prima Gelegenheit, viel Geld auszugeben. Zum Glück hat sich auch das Bewusstsein darüber gewandelt, was auf den Grill gehört und was nicht, denn die Möglichkeiten gehen weit über Bratwurst und Steak hinaus. Leckeres Grillgemüse gehört inzwischen zu den Klassikern, auf die auch eingeschworene Fleischesser nicht mehr verzichten wollen. Die einzigartigen Aromen, die nur beim Grillen entstehen, schaffen es, auch eher langweiligen Gemüsesorten einen deftig-rauchigen Geschmack zu verleihen. Und selbst ein völlig vegetarisches Grillen wird mit ein wenig Fantasie abwechslungsreich und vielfältig."

Grillkartoffeln mit Speck

Grillchampignons, gefüllt

ZUBEREITUNG SEITE 94

Ganz nach Vorschrift:
in der Küche immer mit Kochmütze!

Hirschkarree an Linsensalat

ZUBEREITUNGSZEIT: CA. 1 STUNDE

ZUTATEN FÜR 4 PORTIONEN

LINSENSALAT

- 150 g Linsen (z. B. Puy-Linsen, grüne Linsen, braune Tellerlinsen)
- 50 g Sellerie
- 50 g Karotte
- 5 EL Olivenöl
- 1–2 Lorbeerblätter
- 2 mittelgroße Schalotten
- 10 Cocktailtomaten
- 50 g Lauch
- 1 Bund glatte Petersilie (ca. 30 g)
- 1 TL scharfer Senf
- 1 TL Honig
- 3 EL weißer Balsamico-Essig
- Salz, Pfeffer aus der Mühle

HIRSCHKARREE

- 1 Hirschkarree (ca. 600 g)
- 2 Knoblauchzehen
- 1 EL Butterschmalz
- 2 Zweige Rosmarin
- 2 EL Olivenöl
- Salz, Pfeffer aus der Mühle

AUSSERDEM

- 1 Kopf Friséesalat

WERKZEUGE

- kleiner Topf mit Deckel (2 l)
- Bratpfanne (Ø 28 cm)
- Glas (200 ml) oder kleine Rührschüssel
- Sieb
- kleiner Bräter
- Alufolie
- scharfes Messer

ZUBEREITUNG LINSENSALAT Die **LINSEN** in einem Sieb waschen und abtropfen lassen. **SELLERIE** und **KAROTTE** putzen und in kleine Würfel schneiden. Die Linsen in einem kleinen Topf mit 1 EL **OLIVENÖL** kurz (ca. 1 Minute) anrösten, Karotten- und Selleriewürfel dazugeben und mit ½ l Wasser aufgießen. Auf kleiner Flamme zugedeckt ca. 35 Minuten leise köcheln lassen. Nach 20 Minuten **LORBEERBLÄTTER** und Salz dazugeben, Deckel wieder auflegen. 10 Minuten, bevor die Linsen bissfest sind, die **SCHALOTTEN** und **TOMATEN** in Würfel, den **LAUCH** in Ringe, die **PETERSILIE** in Streifen schneiden. Mit der Petersilie sollte man übrigens nicht allzu sparsam umgehen, 2 Handvoll können es schon sein. Für die Vinaigrette zuerst **SENF, HONIG** und **BALSAMICO-ESSIG** in einem Glas oder einer kleinen Schüssel verrühren, salzen und pfeffern, dann das restliche Olivenöl dazugeben und rühren, bis eine Emulsion entsteht. Wenn die Linsen den gewünschten Biss haben (sie sollten nicht zu weich sein), überschüssiges Wasser abgießen, in dem warmen Topf Vinaigrette, Schalotten, Tomaten, Lauch und Petersilie unterheben und abgedeckt beiseitestellen.

ZUBEREITUNG HIRSCHKARREE Den Backofen auf 180 °C vorheizen. Vom **HIRSCHKARREE** Sehnen und Haut entfernen (parieren). Die hervorstehenden Knochen von Fleischresten und Knochenhaut befreien. Karree salzen und pfeffern. **KNOBLAUCHZEHEN** schälen und einmal der Länge nach zerteilen. In einer Pfanne das **BUTTERSCHMALZ** stark erhitzen und das Karree darin von beiden Seiten je 2 Minuten mit dem Knoblauch und den **ROSMARINZWEIGEN** scharf anbraten. **OLIVENÖL** in einen kleinen Bräter geben, das Karree mit den Rosmarinzweigen, aber ohne den Knoblauch hineinlegen und ca. 25 Minuten im Ofen braten. Herausnehmen, mit Alufolie umwickeln und ca. 5 Minuten ruhen lassen. Mit einem scharfen Messer so in gleich große Stücke aufteilen, dass jedes Stück einen Knochen hat. Zum Servieren 2–3 Blätter Friséesalat auf einen Teller legen, einige Löffel von dem lauwarmen Linsensalat auf die Salatblätter geben und mit je einem Stück Karree anrichten.

„‚Linsen sind das Allerletzte!' Dieser aus tief empfundener, ehrlicher Abscheu entstandene Ausruf ist sicher dem einen oder anderen geläufig. Meist kommt er aus dem Munde derer, die das Pech hatten, in ihrer Kindheit mit Linsensuppen konfrontiert zu werden, die durch ihre Konsistenz eine nahe Verwandtschaft zum Rauputz nicht verbergen konnten. Tatsächlich hat die Linse aber wesentlich mehr drauf und ist dank ihrer Vielseitigkeit längst in der Spitzengastronomie angekommen. Besonders die feine, nussig schmeckende Puy-Linse aus Le Puy-en-Velay in der Auvergne, deren besonderes Aroma auch auf die vulkanischen Böden ihrer Heimat zurückzuführen ist, muss man mal probiert haben. Selbstverständlich kann für dieses Rezept auch jede andere Linse verwendet werden. Ich verzichte übrigens grundsätzlich auf das Einweichen der Linsen, da sie einfach zu weich werden und ihren leckeren Biss verlieren. Was das Hirschkarree betrifft: Hierbei handelt es sich wohl um eines der feinsten Stücke Wildfleisch, das man zwischen die Reißzähne bekommen kann."

Himbeertorte à la Valeska

ZUBEREITUNGSZEIT: CA. 30 MINUTEN

KÜHLZEIT: CA. 2–3 STUNDEN

ZUTATEN FÜR 1 TORTE

250 g mürbe Kekse
(z. B. Hobbits von Brandt)
150 g Butter
500 g Quark (20 %)
300 g Naturjoghurt (3,5 %)
1 Tüte Vanillezucker
6 Blatt Gelatine
500 g frische Himbeeren
350 g Himbeergelee

WERKZEUGE

Mörser
Springform oder
verstellbarer Tortenring
kleiner Stieltopf
Rührschüssel

ZUBEREITUNG Die **KEKSE** in einem Mörser so fein wie möglich zerkleinern. Die **BUTTER** schmelzen und mit den Keksen vermengen. Die entstandene Masse gleichmäßig auf dem Boden der Springform verteilen und leicht festdrücken. Es sollte ein etwa 1 cm dicker Boden entstehen. Im Kühlschrank ca. 1 Stunde abkühlen lassen, bis die Masse fest ist. **QUARK** und **JOGHURT** mit **VANILLEZUCKER** verrühren. **GELATINE** in kaltem Wasser aufweichen und in einem Stieltopf bei wenig Hitze schmelzen lassen. Einige Löffel Quarkmischung in die flüssige Gelatine einrühren und alles zum restlichen Quark geben. Die Springform aus dem Kühlschrank nehmen und die Quarkmasse gleichmäßig auf dem Tortenboden verteilen. Nochmals im Kühlschrank abkühlen lassen, bis der Quark fest ist (ca. 1–1,5 Stunden). Die **HIMBEEREN** waschen, gut abtropfen lassen, dann auf dem Quark gleichmäßig und eng verteilen. **HIMBEERGELEE** im Stieltopf erwärmen, bis es zähflüssig ist. Das Gelee auf den Himbeeren verteilen und die Torte wieder für etwa 1–2 Stunden im Kühlschrank kühlen. Wenn das Gelee fest geworden ist, die Springform vorsichtig öffnen und die Torte kalt servieren.

„Eigentlich bin ich kein Kuchentyp, aber für diese frische Himbeertorte lasse ich alles stehen! Habe ich eigentlich schon erwähnt, dass Frauen viel besser backen können als Männer? Wobei man bei dieser Torte gar nicht vom Backen reden kann – allenfalls wenn man den Kühlschrank als Backofen akzeptiert. Der richtige Backofen bleibt jedenfalls aus, was die Zubereitung wirklich vereinfacht. Selbstverständlich könnte man auch andere Beerenfrüchte verwenden. Aber als ich diese Torte zum ersten Mal gekostet habe, war es um mich geschehen – ich finde diese Kombination perfekt. Liebe Valeska, wo immer du jetzt bist: Ich bin mir sicher, dass du auch dort alle Herzen gewinnst. Vielen Dank für dieses leckere Rezept!"

Hähnchenbrustfilet in Balsamico mit Kartoffelbrot

ZUBEREITUNGSZEIT HÄHNCHENBRUSTFILET: CA. 20 MINUTEN
BACK-, KOCH- UND WARTEZEIT FÜR DAS BROT: CA. 3,5 STUNDEN

ZUTATEN FÜR 4 PORTIONEN

KARTOFFELBROT

250 g festkochende Kartoffeln
500 g Weizenmehl (Typ 405)
2 gestr. TL feines Meersalz
1 Tüte Trockenhefe
1–2 TL Fenchelsamen
150 g Naturjoghurt (3,5 %)
ca. 130 ml lauwarmes Wasser
Butter für die Form

HÄHNCHENBRUSTFILETS

4 EL Olivenöl
4 Hähnchenbrustfilets
8 Blätter frischer Salbei
1–2 Knoblauchzehen
100 ml weißer Balsamico-Essig
Salz, Pfeffer aus der Mühle

WERKZEUGE

Bratpfanne (Ø 28 cm)
Rührschüssel
feines Sieb
Brotform (Kastenform)
ofenfeste Blechschüssel
Sprühflasche

ZUBEREITUNG KARTOFFELBROT „Bitte darauf achten, dass alle Zutaten etwa handwarm sind, um die Triebfähigkeit des Teigs zu unterstützen. Auch die Rührschüssel sollte etwas angewärmt werden, beispielsweise mit heißem Wasser." Die **KARTOFFELN** waschen und mit Schale etwa 30 Minuten kochen, bis sie weich sind. Mit kaltem Wasser abschrecken (dadurch lassen sie sich leichter pellen), abkühlen lassen, pellen und zerdrücken. Das **MEHL** in eine Rührschüssel sieben. **MEERSALZ**, **TROCKENHEFE** und **FENCHELSAMEN** dazugeben und alles vermengen. Dann die zerdrückten Kartoffeln und den **JOGHURT** hinzufügen und mit ca. 130 ml Wasser zu einem elastischen Teig verkneten. Das Kneten ist sehr wichtig und sollte 8–10 Minuten durchgehalten werden. Der Teig darf nicht mehr am Schüsselrand oder an den Händen kleben – deshalb das Wasser vorsichtig und nicht auf einmal zugeben. Eine runde Kugel formen und den Teig in der Schüssel – abgedeckt mit einem Küchentuch – an einem warmen Ort ca. 1 Stunde gehen lassen. „Ich stelle den Teig am liebsten im Badezimmer an die Heizung und bin mit dem Ergebnis immer zufrieden!" Wenn der Teig sein Volumen etwa verdoppelt hat, wird er abgeschlagen, also maximal 30–40 Sekunden durchgeknetet, und in die gefettete Brotform gefüllt. Der Teig muss dann nochmals ca. 30 Minuten abgedeckt an einem warmen Ort gehen. Den Backofen auf 250 °C vorheizen und eine leere Blechschüssel unter den Grillrost stellen. Wenn der Teig in die Röhre kommt, wird in diese Schüssel Wasser gegossen, da das Brot zum Backen Feuchtigkeit im Ofen sehr gerne mag. Auch die Ofenwände sollten mit Wasser besprüht werden. Wenn der Teig nach ca. 30 Minuten sein Volumen weiter vergrößert hat, kommt er, ohne ihn erneut zu kneten, wie oben beschrieben in den heißen Ofen. Nach 5 Minuten die Temperatur auf 230 °C reduzieren, nach weiteren 10 Minuten auf 200 °C. Nach 60 Minuten ist das Brot fertig.

ZUBEREITUNG HÄHNCHENBRUSTFILETS In einer Pfanne das **OLIVENÖL** erhitzen. Die **HÄHNCHENBRUSTFILETS** abspülen, trocken tupfen, salzen und pfeffern. **SALBEI** waschen, abtrocknen, fein schneiden. **KNOBLAUCHZEHEN** schälen und ebenfalls fein schneiden. Die Brüste ca. 7 Minuten von allen Seiten knusprig braten – je nach Größe der Hähnchenbrüste kann diese Zeit etwas variieren. Das Fleisch sollte jedoch nicht ganz durchgebraten sein, da es noch nachgart. Knoblauch und Salbei dazugeben, ca. 10 Sekunden mit den Hähnchenbrüsten in der Pfanne schwenken, mit dem **ESSIG** ablöschen. Den Bratensatz ablösen, kurz aufkochen lassen, vom Herd nehmen und zugedeckt 3 Minuten ziehen lassen. Die Filets herausnehmen, auf vorgewärmten Tellern anrichten und etwas von der Soße darübergießen. Sofort heiß mit dem noch warmen Kartoffelbrot servieren.

„Auch dieses Rezept hat – wie die Fusilli Cilento (Seite 88) – seinen Ursprung in der Campagna in Süditalien. Mit dem kleinen Unterschied, dass es, als ich es kennenlernte, so etwas wie Balsamico-Essig in der Küche meiner Tante nicht gab. Hier kam fast ausschließlich der aus dem eigenen Rotwein entstandene Weinessig zum Einsatz, dem allerdings für dieses Rezept eine Prise Zucker zugesetzt wurde. Als großer Essigfan war ich fast süchtig nach dem fruchtigen, süß-säuerlichen Geschmack der Soße, die am besten mit frischem Weißbrot oder gekochten Kartoffeln harmoniert. Man kann natürlich auch beides haben – und zwar in Form von selbst gebackenem Kartoffelbrot. Das ist kinderleicht zu machen und schmeckt wahnsinnig gut!"

K WIE KUMPEL

Kalbsbäckchen auf Perlgraupenrisotto

ZUBEREITUNGSZEIT: CA. 2,5 STUNDEN

ZUTATEN FÜR 5 PORTIONEN

KALBSBÄCKCHEN

500 g Kalbsbäckchen (1 kg einkaufen)
2 Zwiebeln
1 Karotte
1 Stange Staudensellerie
1 Stange Lauch
1 EL Butterschmalz
300 ml Rotwein
300 ml Rinderfond
8 zerdrückte Wacholderbeeren
1 TL Hagebuttenmark oder Hagebuttenkonfitüre
Salz, Pfeffer aus der Mühle

PERLGRAUPENRISOTTO

1 Schalotte
1 TL Butter
200 g mittelgroße Perlgraupen
100 ml Weißwein
400 ml Gemüsefond
ca. 10 Blätter frische Minze
3 EL frisch geriebener Parmesan
5 EL Sahne
Salz, Pfeffer aus der Mühle

WERKZEUGE

dickwandiger Schmortopf (ca. 2 l)
Kochtopf (ca. 2 l)
Alufolie
Sieb

ZUBEREITUNG KALBSBÄCKCHEN Zuerst müssen die **KALBSBÄCKCHEN** von Fett, zu dünnen Fleischstücken und Sehnen befreit (pariert) werden. Hierbei kann, je nach Qualität der Ware, fast die Hälfte der gekauften Menge auf der Strecke bleiben – das sollte beim Einkauf unbedingt berücksichtigt werden. Die weggeschnittenen Fleischstücke kann man jedoch einfrieren und zur späteren Verwendung, z. B. für eine Soße oder die Zubereitung von Hackfleisch, aufbewahren. Das Fett wegwerfen (tut selbst dem Hund nicht gut). Den Backofen auf 160 °C vorheizen. Die **ZWIEBELN** schälen, würfeln und beiseitestellen. **KAROTTE, SELLERIE** und **LAUCH** putzen und klein schneiden. Die Kalbsbäckchen salzen und pfeffern. **BUTTERSCHMALZ** in einem möglichst dickwandigen Schmortopf stark erhitzen, die Bäckchen darin je 2 Minuten von beiden Seiten scharf anbraten, wieder herausnehmen und beiseitestellen. Im heißen Fett die Zwiebeln ca. 5 Minuten rösten, bis sie braun sind. Dann das restliche Gemüse dazugeben und weitere 5 Minuten rösten. Den **ROTWEIN** angießen und etwas einkochen lassen. Jetzt das Fleisch wieder in den Topf geben, mit dem **RINDERFOND** übergießen und die **WACHOLDERBEEREN** dazugeben. Den Topf zugedeckt in den Ofen stellen und die Bäckchen 1,5 Stunden garen. Sollte das Fleisch nach 1,5 Stunden nicht butterweich sein, die Garzeit etwas verlängern. Das Fleisch herausnehmen, lose mit Alufolie umwickeln und auf einem Teller im ausgeschalteten Backofen warm stellen. Gemüse und Bratensatz durch ein feines Sieb passieren und zu einer Soße reduzieren. **HAGEBUTTENMARK** hinzufügen, mit Salz und Pfeffer würzen. Die Kalbsbäckchen auspacken und evtl. freigesetzten Bratensaft in der Alufolie unter die Soße rühren. Das Fleisch in die heiße Soße legen und darin schwenken. In kleinen Schalen auf etwas Perlgraupenrisotto je 1 Stück Fleisch anrichten, seitlich etwas Soße angießen und mit einem Löffel als Besteck servieren.

ZUBEREITUNG PERLGRAUPENRISOTTO **SCHALOTTE** schälen, fein würfeln und in einem Topf mit **BUTTER** ca. 1 Minute anschwitzen. Die **PERLGRAUPEN** dazugeben, mit den Schalotten vermengen und mit **WEISSWEIN** ablöschen. **GEMÜSEFOND** angießen und etwa 20 Minuten köcheln lassen. Ab und zu umrühren. Die Graupen sollten nicht zu weich werden, also eher al dente kochen. Wenn die Graupen gar sind, die **MINZE** waschen, trocken tupfen, klein schneiden und dazugeben. Geriebenen **PARMESAN** und so viel **SAHNE** unterrühren, dass eine cremige Konsistenz entsteht. Mit Salz und Pfeffer abschmecken und sofort heiß servieren. Dazu passt ein frischer Gurkensalat.

„Schon mal ein Stück Fleisch nur mit dem Löffel gegessen? Nein? Na, dann empfehle ich doch einfach mal dieses Gericht, das sich hervorragend als Zwischengang oder kleine Hauptspeise eignet. Denn weicher geht's nicht! Das Perlgraupenrisotto ist einfach zuzubereiten und das ständige Rühren und Angießen von Brühe wie beim ‚echten' Risotto kann man sich sparen, da der erwünschte Biss und die Cremigkeit praktisch von selbst entstehen."

Kalbsbrust, gefüllt

ZUBEREITUNGSZEIT: CA. 4,5 STUNDEN

ZUTATEN FÜR 8–10 PORTIONEN

KALBSBRUST

- 400 g Weißbrot oder 8 Brötchen
- 250 ml Milch
- 4 Zwiebeln
- 100 g Räucherspeck
- 1 TL Butter
- 5 EL gehackte Petersilie
- 3 Eier
- 500 g feines Bratwurstbrät
- 1 Prise Muskat
- 1 Kalbsbrust (ca. 3 kg)
- 2 Karotten
- ½ Sellerieknolle
- 1 Stange Lauch
- 2 EL Butterschmalz
- 1 l Gemüsebrühe oder Kalbsfond
- 1 Zweig Rosmarin
- Salz, Pfeffer aus der Mühle

VINAIGRETTE FÜR DEN FELDSALAT

- 2 Zwiebeln
- 1 Knoblauchzehe
- 1 ½ TL feiner, scharfer Senf
- 6 EL Essig
- ½ TL Honig
- 6 TL Olivenöl
- 1 gestr. TL Salz
- Pfeffer aus der Mühle

WERKZEUGE

- großer Bräter, z. B. Gansbräter
- große Schüssel
- kleiner Topf (ca. 1 l)
- langes, scharfes Messer
- Nähnadel
- Nähgarn
- Alufolie
- Sieb
- Knoblauchpresse

ZUBEREITUNG KALBSBRUST Das **WEISSBROT** in kleine Würfel schneiden und in eine große Schüssel geben. Die **MILCH** erhitzen und die Brotwürfel darin einweichen. 2 **ZWIEBELN** schälen und sehr fein würfeln. Den **SPECK** ebenfalls sehr fein würfeln. **BUTTER** in einem kleinen Topf erhitzen, Speck- und Zwiebelwürfel darin etwa 2 Minuten glasig anschwitzen. Gehackte **PETERSILIE, EIER, BRATWURSTBRÄT,** Salz, Pfeffer, **MUSKAT,** Zwiebeln und Speck mit den eingeweichten Brötchen vermengen. Dabei nicht zu sparsam salzen – die Füllung sollte schon Geschmack haben! Die **KALBSBRUST** abwaschen und trocken tupfen, große Fettstücke – falls vorhanden – entfernen, jedoch nicht das ganze Fett wegschneiden. Jetzt mit einem langen, scharfen Messer eine Tasche in die Kalbsbrust schneiden, sodass eine Art Fleischsack entsteht. Dieser sollte so tief wie möglich sein, damit auch jeder am Ende etwas von der leckeren Füllung abbekommt. Sollte man versehentlich über das Ziel hinausschießen und ein Loch in die Kalbsbrust stechen, dieses einfach wieder zunähen. Man kann sich die Tasche natürlich auch vom Metzger einschneiden lassen – was allerdings nur der halbe Spaß wäre! Jetzt die Brust innen salzen und pfeffern und mit der vorbereiteten Masse füllen. Die offene Stelle wird ordentlich mit Nähgarn zugenäht. Die Brust muss komplett geschlossen sein, da sonst beim Braten die Füllung austritt. Den Ofen auf 240 °C vorheizen. **KAROTTEN, SELLERIE, LAUCH** und die restlichen Zwiebeln putzen und grob würfeln. Die Kalbsbrust mit dem Gemüse und dem **BUTTERSCHMALZ** im Ofen etwa 20 Minuten braten. Wenn die Kalbsbrust braun ist, mit der Hälfte der **GEMÜSEBRÜHE** begießen und die Hitze auf 200 °C reduzieren. Während des Bratens ab und zu die Kalbsbrust mit dem Bratensaft übergießen. Sollte keine oder nur noch wenig Flüssigkeit im Bräter sein, Gemüsebrühe nachgießen. Nach 2,5 Stunden den Ofen ausschalten, die Kalbsbrust ohne das Gemüse auf eine Platte legen, mit Alufolie abdecken und wieder in den ausgeschalteten Ofen stellen. Den Bratensatz vom Bräter lösen, den Sud durch ein Sieb passieren und mit einem Zweig **ROSMARIN** zu einer Soße einkochen. Die Kalbsbrust in Scheiben schneiden und mit der Soße anrichten. Dazu passen am besten der Kartoffelsalat mit Kapern (Seite 112) und ein frischer Feldsalat, den man entweder klassisch mit Essig und Öl oder mit einer leckeren Vinaigrette anmachen kann.

ZUBEREITUNG VINAIGRETTE **ZWIEBELN** schälen und würfeln. Die **KNOBLAUCHZEHE** schälen und mit einer Knoblauchpresse in eine Rührschüssel geben. **SENF, ESSIG, HONIG,** Salz und Pfeffer hinzufügen und gut durchrühren. Dann das **OLIVENÖL** löffelweise dazugeben, dabei kräftig weiterrühren, bis eine cremige Emulsion entsteht. Wem die Vinaigrette jetzt zu intensiv schmeckt, kann sie mit einem Spritzer Wasser verdünnen. Zwiebelwürfel unterrühren und servieren. „Ich empfehle, die Vinaigrette nicht gleich unter den Salat zu mischen, da der feine Feldsalat sonst schnell unansehnlich zusammenfällt. Besser separat dazu reichen."

„Diese gefüllte Kalbsbrust ist ein ganz schöner Brummer! Deshalb hat es auch wenig Sinn, sich die viele Arbeit zu machen, wenn man nur vier Gäste erwartet. Acht Esser sollten es schon sein – und der eine oder andere Nachzügler wird garantiert auch noch satt."

Kartoffelgratin

ZUBEREITUNGSZEIT: CA. 1 STUNDE

ZUTATEN FÜR 4 PORTIONEN

800 g festkochende Kartoffeln
1 Knoblauchzehe
Butter für die Form
300 ml Sahne
1 Prise Muskat
50 g Gruyère oder Appenzeller
30 g Parmesan oder Pecorino
Salz, Pfeffer aus der Mühle

WERKZEUGE

Küchentuch
flache Auflaufform

ZUBEREITUNG Backofen auf 180 °C vorheizen. Die **KARTOFFELN** schälen, in etwa 3 mm dicke Scheiben schneiden oder hobeln, unter kaltem Wasser gründlich abspülen, mit einem Küchentuch trocken tupfen. **KNOBLAUCHZEHE** schälen und halbieren. Die Auflaufform mit Knoblauch einreiben und mit **BUTTER** ausstreichen. Die Kartoffelscheiben leicht aufrecht in die Form schichten. **SAHNE, MUSKAT,** Salz und Pfeffer verrühren und über die Kartoffelscheiben gießen, sodass sie etwa zu ⅔ bedeckt sind. Mit dem frisch geriebenen **KÄSE** bestreuen und ca. 45 Minuten im Backofen goldbraun backen.

„Einfach in der Zubereitung, aber superlecker! Das Kartoffelgratin ist ein absoluter Klassiker und passt wunderbar zu allen möglichen Gerichten. Es schmeckt kalt oder warm und eignet sich hervorragend als später Mitternachtssnack, wenn die ersten Schnäpse kreisen und man lediglich noch in der Lage sein muss, eine Gabel zu halten. Mit dem Hobeln und Schichten der Kartoffeln kann man prima seine Gäste beschäftigen, ohne sie intellektuell zu überfordern. Viel falsch machen kann man nämlich nicht – und gemeinsam Gekochtes schmeckt nun mal besonders gut! Was den Käse angeht: Man kann verschiedene Sorten verwenden, solange sie kräftig und würzig sind."

Kartoffelsalat mit Kapern

ZUBEREITUNGSZEIT: CA. 1 STUNDE

ZUTATEN FÜR 4–6 PORTIONEN

VINAIGRETTE
Saft von 1 Zitrone
5 EL weißer Balsamico-Essig
6 EL Olivenöl
4 EL Gemüsebrühe
Salz, Pfeffer aus der Mühle

KARTOFFELSALAT
1 kg festkochende Kartoffeln
60 g Kapern
1 Bund glatte Petersilie
1 rote Zwiebel
10 Cocktailtomaten
Salz

WERKZEUGE
Schale oder Glas (200 ml)
Kochtopf (ca. 4 l)
große Schüssel
ggf. Anrichteplatte

ZUBEREITUNG VINAIGRETTE In einer Schale oder einem Glas **ZITRONENSAFT, BALSAMICO-ESSIG, OLIVENÖL, GEMÜSEBRÜHE,** Salz und Pfeffer verrühren.

ZUBEREITUNG KARTOFFELSALAT Die gewaschenen **KARTOFFELN** in Salzwasser kochen, abgießen, mit kaltem Wasser abschrecken und etwas abkühlen lassen. Feine Kartoffelsorten sollte man nicht schälen, da sich unter der Schale wertvolle Inhaltsstoffe verbergen, die man auch schmeckt. Wenn man die Schale nicht mitessen möchte, einfach die Kartoffeln pellen, wenn sie nicht mehr zu heiß sind. Man sollte die Kartoffeln jedoch nicht kalt werden lassen, da sie dann die Vinaigrette nicht mehr so gut aufnehmen. Die Kartoffeln in nicht zu kleine Stücke schneiden, mit den abgetropften **KAPERN** in eine Schüssel geben, mit der Vinaigrette übergießen und vorsichtig durchmischen. Die Schüssel abdecken und den Kartoffelsalat ca. 15 Minuten ziehen lassen. **PETERSILIE** waschen, trocken schütteln und klein schneiden. **ZWIEBEL** schälen und ebenfalls klein schneiden. Die **COCKTAILTOMATEN** waschen, trocken tupfen und halbieren. Alles unter die Kartoffeln heben. Lauwarm servieren.

„Bei den Kartoffeln gibt es hierzulande eine großartige Sortenvielfalt. Für welche auch immer man sich entscheidet: Festkochende Biokartoffeln von guter Qualität sollten die erste Wahl sein – denn auch die raffinierteste Zubereitung wird es nicht schaffen, eine langweilige Kartoffel zu retten."

„Mmh ... Kartoffelsalat. Eigentlich ja nichts Besonderes, sollte man meinen. Dabei sind unsere europäischen Nachbarn der Meinung, dass dieses weit verbreitete Gericht nirgends so gut schmeckt wie (hausgemacht!) in Deutschland. Vielen Dank für das Kompliment! Dabei rangieren wir als klassische Kartoffelnation – gemessen am Konsum – längst nur noch im Mittelfeld. Der Pro-Kopf-Verbrauch in Deutschland schwankt zwischen 60 und 70 kg pro Jahr, wohingegen beispielsweise in Russland die fünffache Menge verspeist wird. Die Kartoffel eignet sich perfekt für eine Vielzahl von Salatvariationen – und Experimente sind ausdrücklich erwünscht.
Die klassische Variante mit Gewürzgurken hat wohl jeder schon mal gegessen, weshalb ich hier meinen Favoriten vorstellen möchte. Anstelle der Gurken kommen Kapern zum Einsatz und die Cocktailtomaten sorgen für eine Extraportion Saftigkeit."

L WIE LANDLUFT

Lachs (selbst gebeizt) mit Zitronengras und Koriander

ZUBEREITUNGSZEIT: CA. 1 STUNDE
RUHEZEIT: CA. 48 STUNDEN

ZUTATEN FÜR 8 PORTIONEN

1 Lachsfilet (ca. 1 kg)
10 Stangen Zitronengras
2 Bund frischer Koriander
10 Pimentkörner
20 Wacholderbeeren
3 gehäufte EL brauner Rohrzucker
5 gehäufte EL grobes Meersalz
1 gestr. EL grob gemahlener Pfeffer
etwas Butter
frisches Brot

WERKZEUGE

Grätenzange oder Spitzzange
scharfes Kochmesser
Mörser
großes Holzbrett
Frischhaltefolie
große, flache Keramikplatte
Gewichte (ca. 3 kg)

ZUBEREITUNG Das **LACHSFILET** mit der Gräten- oder einer Spitzzange von Gräten befreien. Die seitlichen Bauchlappen wegschneiden, da diese tranig schmecken. Das Filet genau in der Mitte der Länge nach sauber durchtrennen. Das **ZITRONENGRAS** waschen, die äußeren harten Schichten entfernen, den Rest sehr fein schneiden. **KORIANDER** waschen, trocken schütteln und eher grob schneiden. **PIMENTKÖRNER** und **WACHOLDERBEEREN** im Mörser zerstoßen und mit **ROHRZUCKER, MEERSALZ** und Pfeffer vermengen. Die beiden Filetstücke auf ein großes, mit Frischhaltefolie belegtes Brett legen. Eines der Filets mit der Hälfte der Salz-Zucker-Gewürzmischung bestreuen, darauf den Koriander ausbreiten. Dann das Zitronengras sowie den Rest der Gewürzmischung darüberstreuen und die zweite Filethälfte bündig auf die erste legen. Alles straff mit mehreren Lagen Frischhaltefolie umwickeln, auf eine flache Keramikplatte legen, das Holzbrett auf den Fisch legen und mit Gewicht beschweren. Das Gewicht kann alles Mögliche sein: Blumentöpfe, eine Hantel oder ein paar Laptops – Hauptsache, es passt alles in den Kühlschrank, in dem der Lachs dann 48 Stunden bleiben muss. Alle 12 Stunden muss der Lachs gewendet und wieder mit den Gewichten beschwert werden. Nach 48 Stunden den Lachs auswickeln und alle Kräuter entfernen. Am Schwanzende festhalten und mit einem sehr scharfen, dünnen Messer – am besten mit einem Filetiermesser – parallel zur Oberfläche sehr dünne Scheiben abschneiden. Mit etwas Butter auf frischem Brot anrichten. Dazu passt eine Kräutermayonnaise, Senf-Honig-Creme oder Meerrettich.

„Das Beizen des Lachses hatte ursprünglich den Sinn, den Fisch für längere Zeit haltbar zu machen. Bei den Erfindern dieser Methode, den Skandinaviern, nennt man einen gebeizten Lachs ‚graved', was nichts anderes bedeutet als ‚vergraben'. Hierbei wurde der gesalzene, gezuckerte und mit Kräutern gewürzte Fisch in einem Erdloch versenkt, mit Steinen beschwert, mit Erde bedeckt und manchmal erst nach Wochen wieder ausgegraben. Durch den Sauerstoffabschluss, den Druck und das Salz haben Mikroorganismen, die den Fisch eigentlich verfaulen lassen würden, keine Chance und der Lachs kann in aller Ruhe fermentieren. Wer einen Garten hat, kann das natürlich genauso machen. Für alle anderen Genießer gibt es hier die küchenfreundliche Variante – wobei das auch bedeutet, dass wir keinen ganzen, sondern nur einen halben Lachs verwenden, also ein Filet. Vorteile sind, dass der Lachs sich dadurch wesentlich leichter handhaben lässt und man nicht unbedingt zwölf Gäste braucht, um einen ganzen Lachs zu verspeisen. Wer ein komplettes Tier verarbeiten möchte, nimmt einfach die doppelte Menge an Zutaten. Außerdem verzichten wir bei diesem Rezept ausnahmsweise mal auf Dill und ersetzen ihn durch Koriander und Zitronengras – was dem Lachs wirklich außerordentlich gut steht!"

Lammhaxe mit Spinat-Serviettenknödeln

ZUBEREITUNGSZEIT: CA. 3 STUNDEN

ZUTATEN FÜR 4 PORTIONEN

LAMMHAXEN

8 Cocktailtomaten
1 Karotte
1 Zwiebel
1 Stange Lauch
3 Knoblauchzehen
2 EL Olivenöl
4 Lammhaxen
1 Bund Petersilie
1 Zweig Rosmarin
6 EL geriebener Parmesan
2 Eier
120 g kalte Butter
400 ml Weißwein
1 frisches Lorbeerblatt
100 ml Madeira-Wein
Salz, Pfeffer aus der Mühle

SPINAT-SERVIETTENKNÖDEL

250 g frischer Blattspinat
8 Eiswürfel
2 l Wasser
300 ml Milch
3 Brötchen vom Vortag
150 g Butter
4 Eier
1 Prise Muskat
100 g Semmelbrösel
Salz, Pfeffer, aus der Mühle

ZUBEREITUNG LAMMHAXEN Die **COCKTAILTOMATEN** waschen, trocken tupfen und vierteln. **KAROTTE** und **ZWIEBEL** schälen und würfeln, den **LAUCH** putzen und in Ringe schneiden. Die **KNOBLAUCHZEHEN** mitsamt der Schale mit einem Messergriff etwas zerdrücken und alles mit dem **OLIVENÖL** in den kalten Brätertopf geben. Den Backofen auf 180 °C vorheizen, den Bräter jedoch noch nicht hineinstellen. Die **LAMMHAXEN** waschen, trocken tupfen, von Sehnen und dicken Hautstellen befreien und mit einem scharfen, schlanken Messer (ein Ausbeinmesser eignet sich hierfür besonders gut) direkt am Knochen entlang so einschneiden, dass eine Tasche entsteht. Mit den Fingern die Tasche etwas weiten, sodass etwa zwei Finger darin Platz haben (die Finger wieder herausnehmen). **PETERSILIE** waschen und trocken schütteln, **ROSMARINNADELN** abzupfen. Rosmarin, Petersilie, **PARMESAN, EIER,** Salz, Pfeffer und 100 g kalte **BUTTER** mit dem Zauberstab in einem Becherglas vermixen – die Masse sollte eine eher feste Konsistenz erhalten. Ist die Masse zu flüssig, noch etwas kalte Butter dazugeben. Die so entstandene Füllung auf 2 Lagen Küchenkrepp ausbreiten, da beim Mixen etwas Flüssigkeit entsteht. Die Füllung in die Taschen der Haxen drücken. Die Haxen gut salzen und pfeffern, in den Bräter auf das Gemüse legen und abgedeckt im Backofen ca. 2 Stunden schmoren. Nach ca. 30 Minuten den **WEISSWEIN** angießen und weiterschmoren. Nach ca. 2 Stunden den Ofen ausschalten, das Fleisch herausnehmen, mit Alufolie umwickeln und im ausgeschalteten Ofen warm halten. Das Gemüse und die Flüssigkeit aus dem Bräter durch ein Sieb passieren, das **LORBEERBLATT** hinzugeben und alles zu einer Soße reduzieren. Gegen Ende der Reduktion den **MADEIRA-WEIN** angießen und noch etwa 5 Minuten weiterköcheln, bis die gewünschte Konsistenz erreicht ist. Mit der restlichen kalten Butter abziehen und ggf. nachsalzen. Das Fleisch mit den Spinat-Serviettenknödeln anrichten und die Soße über das Fleisch geben.

„Diese Haxe zuzubereiten ist wirklich leicht! Sie ist schnell vorbereitet – und wenn sie im Ofen ist, kann man sie eigentlich für 2 Stunden vergessen. Jede Menge Zeit also, um die lecker-lockeren Spinat-Serviettenknödel zuzubereiten und dabei noch des Öfteren mit seinen Gästen anzustoßen!"

ZUBEREITUNG SPINAT-SERVIETTENKNÖDEL „Hierbei handelt es sich um einen eher luftigen Vertreter seiner Art. Man kann ihn auch schon am Vortag herstellen und dann am nächsten Tag angebraten servieren. Frisch zubereitet und mit Semmelbröseln bestreut ist er jedoch am feinsten!“ **SPINAT** gründlich waschen, gut abtropfen lassen und von Stängeln und welken Blättern befreien. Salzwasser zum Kochen bringen, Spinat kurz darin kochen, bis er zusammengefallen ist. **EISWÜRFEL** und Wasser in eine Schüssel geben, den gekochten Spinat in einem Sieb darin abschrecken – so behält er seine intensive Farbe. Den Spinat mit dem Zauberstab zerkleinern. Die **MILCH** erhitzen, die **BRÖTCHEN** sehr klein würfeln, in einer Schüssel mit der heißen Milch übergießen und ein paar Minuten ziehen lassen. 100 g **BUTTER** schaumig rühren. Die Butter muss dafür Zimmertemperatur haben, also sehr weich sein, und wird dann mit einem Rührgerät oder Schneebesen so lange geschlagen, bis sie ihr Volumen etwas vergrößert hat und fast weiß ist. **EIER** trennen und Eiweiße zu Eischnee schlagen. Eigelbe, Spinat, Butter, Muskat, Salz und Pfeffer mit den eingeweichten Brötchen vermengen, dann den Eischnee unterheben. In einem großen Kochtopf Salzwasser zum Kochen bringen. Ein sauberes Leinentuch anfeuchten, mit etwas Butter bestreichen und die Spinatmasse darauflegen. Das Tuch muss nun so zugebunden werden, dass die Masse gut Platz hat und noch etwa um ⅓ aufgehen kann. Das Paket wird dann in das kochende Wasser gehängt und muss dort 1 Stunde abgedeckt kochen. Wenn der Spinatknödel fertig ist, aus dem Tuch schlagen und etwas abkühlen lassen. 50 g Butter in einer Pfanne erhitzen, **SEMMELBRÖSEL** dazugeben und unter Rühren etwa 2 Minuten anrösten. Den Serviettenknödel in gleich große, nicht zu dünne Scheiben schneiden, die Semmelbrösel darübergeben und mit den Haxen servieren.

WERKZEUGE

Schmortopf für 4 Haxen (evtl. gusseisern)
Ausbeinmesser (oder scharfes, schlankes Messer)
Becherglas
Rührschüsseln
Schneebesen oder Handmixer
sauberes Leinentuch (Küchentuch)
großer Kochtopf (4–6 l)
Zauberstab oder Pürierstab
Küchenkrepp
Alufolie
Sieb

„Wenn man Babyspinat verwendet, kann man auf das Entfernen der Stängel auch verzichten.“

Lammhaxe mit Spinat-Serviettenknödeln

ZUBEREITUNG SEITEN 118-119

Lammracks auf Ofengemüse

ZUBEREITUNGSZEIT: CA. 1 STUNDE

ZUTATEN FÜR 4 PORTIONEN

1 Lammkarree (ca. 800 g)
3 Karotten
500 ml Gemüsebrühe
1 Fenchelknolle
1 große, rote Paprikaschote
2 Tomaten
3 EL Olivenöl
2 TL frischer oder getrockneter Thymian
1 Prise Meersalz
2 EL Butterschmalz
2 TL Honig
3 EL Weißwein
2 Knoblauchzehen
Salz, Pfeffer aus der Mühle

WERKZEUGE

kleiner Topf (ca. 1 l)
Backpapier
Backblech
Ofengrillrost
Bratpfanne
(möglichst aus Edelstahl oder Eisen)
mittelgroße Schüssel
Alufolie
evtl. Fleischthermometer

ZUBEREITUNG Das **LAMMKARREE** waschen, trocken tupfen, von Haut und Sehnen befreien. Die **KAROTTEN** schälen, halbieren und in dicke Stifte schneiden. **GEMÜSEBRÜHE** in einem kleinen Topf zum Sieden bringen, die Karotten darin ca. 3–4 Minuten kochen. **FENCHEL** putzen, waschen, halbieren und in etwa 2 mm dicke Scheiben schneiden. **PAPRIKASCHOTE** entkernen, waschen, trocken tupfen und in gleich große Stifte schneiden. **TOMATEN** waschen, trocken tupfen und in etwa 4 mm dicke Scheiben schneiden. Ein Backblech mit Backpapier auslegen, den Backofen auf 200 °C vorheizen. **OLIVENÖL, THYMIAN, MEERSALZ** und Pfeffer miteinander verrühren und in einer Schüssel mit dem Gemüse – bis auf die Tomaten – vermengen. Die Tomaten leicht salzen. Gemüse und Tomaten auf dem Backblech verteilen und ca. 10 Minuten auf der unteren Schiene im Backofen rösten. Den Grillrost über das Backblech in die mittlere Schiene des Backofens schieben. Währenddessen das Lammkarree salzen, gut pfeffern und beidseitig bei hoher Hitze je 3 Minuten in **BUTTERSCHMALZ** anbraten. Das Fleisch herausnehmen und die Pfanne mit dem Bratensatz beiseitestellen. **HONIG** mit **WEISSWEIN** verrühren und das Fleisch damit bestreichen. Restliche Marinade beiseitestellen. Hitze auf 160 °C reduzieren und das Karree über das Gemüse auf den Grillrost legen. Das Fleisch muss mit dem Gemüse ca. 15–18 Minuten im Ofen bleiben. Will man ein Fleischthermometer verwenden, ist die gewünschte Kerntemperatur 70–75 °C. Während das Fleisch gart, die restliche Marinade in die Pfanne geben, den Bratensatz ablösen. **KNOBLAUCHZEHEN** schälen und in den Bratensatz pressen, alles ganz kurz erhitzen. Nach der angegebenen Zeit das Fleisch herausnehmen und mit Alufolie bedeckt 5 Minuten ruhen lassen. In der Zwischenzeit das Gemüse in die Bratpfanne mit der Marinade geben und gut durchmischen. Mit Salz und Pfeffer abschmecken. Das Lammkarree zwischen den Knochen aufschneiden und auf dem heißen Gemüse anrichten. Dazu passt Weißbrot oder Kartoffelgratin (siehe Seite 110).

„Ob man es jetzt Lammrack, Lammkarree oder Lammkrone nennt: Das Fleischstück ist immer das Gleiche – ein leckeres, saftig-zartes Stück vom Lammrücken mit kurzen Rippenknochen. Sozusagen Lammrückenfilet am Stiel. Wie alle edlen Fleischstücke sollte es auf den Punkt gegart werden, also innen noch schön rosa sein. Halbrohes oder noch blutiges Lammfleisch ist wirklich nur etwas für ausgesprochene Fans und sollte hier nicht unser Ziel sein. Ein Fleischthermometer ist beim ersten Mal sehr hilfreich, um ein Gefühl dafür zu bekommen, wie lange das Fleischstück eigentlich gegart werden muss. Beim nächsten Mal weiß man dann ja Bescheid und wird das Karree locker ‚freihändig' zubereiten können."

Maronensuppe mit Speckmorcheln

ZUBEREITUNGSZEIT: CA. 45 MINUTEN

ZUTATEN FÜR 4 PORTIONEN

2 Schalotten
1 Knoblauchzehe
2 EL Butter
130 g geschälte und vorgekochte Maronen
70 ml weißer Portwein
400 ml Geflügelfond
130 ml Sahne
4 Scheiben Weißbrot
8 mittelgroße, getrocknete Morcheln
8 Scheiben Bacon oder dünner Bauchspeck
1 EL Butterschmalz
Salz, Pfeffer aus der Mühle

WERKZEUGE

Topf (ca. 2 l)
Pürierstab
Zahnstocher
Bratpfanne
Küchenkrepp

ZUBEREITUNG **SCHALOTTEN** und **KNOBLAUCHZEHE** schälen und fein würfeln. 1 EL **BUTTER** in einem Topf erhitzen, Schalotten und Knoblauch darin glasig anschwitzen. **MARONEN** dazugeben und kurz mitrösten. Mit **PORTWEIN** ablöschen und etwas einkochen lassen. **GEFLÜGELFOND** und **SAHNE** dazugießen und ca. 25 Minuten leise köcheln lassen, bis die Maronen weich sind. In der Zwischenzeit das **WEISSBROT** entrinden und in Würfel schneiden. Die **MORCHELN** in ein Glas geben, mit kaltem Wasser bedecken und ca. 10 Minuten quellen lassen. Die Morcheln mit je 1 Scheibe **BACON** umwickeln und mit je 1 Zahnstocher fixieren. Wenn die Maronen weich sind, die Suppe pürieren, ggf. noch etwas einkochen lassen und mit Salz und Pfeffer würzen. Die restliche Butter in einer Pfanne erhitzen, die Brotwürfel hineingeben und goldbraun ausbacken, dabei mehrmals wenden. Die fertigen Croûtons auf Küchenkrepp auslegen. **BUTTERSCHMALZ** erhitzen und die Speckmorcheln darin beidseitig knusprig ausbraten. Die Suppe in kleine, angewärmte Schüsseln oder tiefe Teller geben, mit den Croûtons und je 2 Speckmorcheln garnieren und sofort servieren.

„Die Marone oder Esskastanie ist seit dem frühen Altertum bekannt und war für lange Zeit besonders für die in den Bergregionen beheimateten Menschen ein unverzichtbares Grundnahrungsmittel. Rezepte mit Maronen finden sich sogar im ältesten erhaltenen Kochbuch der römischen Antike – ‚De re Coquinara' (‚Über die Kochkunst') – und entsprechend zahlreich sind die Gerichte mit der stärkehaltigen Edelkastanie. Das vorliegende Rezept für eine Maronensuppe klingt vielleicht zunächst etwas unspektakulär, ist allerdings ein echter Hammer. Einmal gekocht, wird man die Suppe garantiert sofort in die Rezeptsammlung aufnehmen und dank der einfachen Zubereitung sicher des Öfteren auf den Tisch bringen!"

P WIE PARTY

Paella

ZUBEREITUNGSZEIT: CA. 1,5 STUNDEN

ZUTATEN FÜR 20 PORTIONEN

2 kg Gambas
1 kg Tintenfisch/Pulpo
1 kg Hähnchenbrust
1 kg Hähnchenschenkel, evtl. Knochen ausgelöst
500 g Chorizo oder Merguez
500 g rote Paprikaschote
500 g Tomaten
2 Knoblauchknollen (ca. 16 Zehen)
1 Chilischote (oder auch mehr)
2 Zitronen
500 ml Olivenöl
1 kg Eismeergarnelen
etwas Meersalz
2 kg Arroz-Bomba- oder Risottoreis (notfalls auch Langkornreis)
4,5 l Fisch- oder Gemüsefond
1,5 g Safran
500 g Tiefkühlerbsen
10 Zitronen zum Anrichten

WERKZEUGE

Paella-Pfanne (Ø 60 cm)
langer Pfannenwender
Fuß als Pfannenauflage über dem Feuer
große Schüssel
Alufolie
Schere
scharfes Messer

ZUBEREITUNG Die Beine der **GAMBAS** mit einer Schere abschneiden, am Rücken mit einem scharfen Messer längs einschneiden und den schwarzen Darm herausziehen. Den **TINTENFISCH** ausnehmen, köpfen und häuten (geht ganz leicht), den Körper in Ringe schneiden, die Fangarme abschneiden. Wer die ganzen Köpfe verwenden will, muss die Kauwerkzeuge und den Tintensack entfernen. **HÄHNCHENBRUST** und **-SCHENKEL** und **CHORIZO** in mundgerechte Stücke schneiden. **PAPRIKA** entkernen, waschen, trocken tupfen und in halbe Ringe schneiden. **TOMATEN** waschen, trocken tupfen und in kleine Stücke schneiden. **KNOBLAUCHZEHEN** schälen, die Hälfte davon (ca. 8 Stück) mittelgrob hacken, die restlichen Zehen nur halbieren. Die **CHILISCHOTE** putzen, waschen und klein schneiden. Die **ZITRONEN** auspressen und den Saft auffangen. Sämtliche Zutaten auf einem Tisch am Feuer bereitstellen. Die Paella-Pfanne über das Feuer stellen, das **OLIVENÖL** darin erhitzen. Gambas und **EISMEERGARNELEN** anbraten, bis sie rot sind. Gehackten Knoblauch, Chili und **MEERSALZ** dazugeben, kurz mitrösten, alles wieder aus der Pfanne nehmen und in einer Schüssel aufbewahren. Hähnchenfleisch- und Chorizostücke sowie Tintenfischringe in die Pfanne geben und etwa 10 Minuten braten. Die halbierten Knoblauchzehen und die Tomaten dazugeben, 2 Minuten mitrösten. Paprika hinzufügen und weitere 10 Minuten mitschmoren. Den **REIS** mit den Zutaten vermengen. **FISCHFOND** (sollte eher kräftig sein) angießen, den **SAFRAN** dazugeben und ein letztes Mal umrühren. Die Paella darf ab jetzt nicht mehr gerührt werden! Wenn die Flüssigkeit zu köcheln beginnt, die **ERBSEN** gleichmäßig auf der Reisfläche verteilen. Die Paella darf nicht heftig kochen, sondern sollte leise köcheln. Kurz bevor die gesamte Flüssigkeit vom Reis aufgesaugt ist, die Gambas auf der Paella verteilen und die Pfanne mit Alufolie abdecken. Ist die gesamte Flüssigkeit verdampft, die Paella-Pfanne noch nicht gleich vom Feuer nehmen – der Reis muss nämlich ein wenig am Pfannenboden anbacken. Die Katalanen schätzen die so entstehende dünne Kruste sehr und nennen sie „Socarrat". Nachdem die Paella vom Feuer genommen wurde, muss sie noch etwa 5 Minuten ziehen und kann dann – mit je 2 **ZITRONENVIERTELN** garniert – serviert werden.

„Die klassische Paella kommt aus Valencia und obwohl die Stadt am Meer liegt, haben aus Sicht ihrer Bewohner Meeresfrüchte oder Fisch gar nichts in der berühmten Reispfanne zu suchen. Schön und gut – aber ich finde sie mit Meeresfrüchten leckerer und es sieht eben einfach klasse aus! Ohnehin gibt es unzählige Varianten. Auch einer völlig eigenen Kreation steht nichts im Weg. Wichtig für das Gelingen der Paella sind eine gute Vorbereitung der Zutaten und der richtige Reis. Er sollte noch etwas Biss haben und darf nicht pampig sein. Im Idealfall reicht die angegossene Flüssigkeit genau aus, um den Reis zu garen. Die oben angegebene Fondmenge hat sich jedenfalls bewährt. Und sollte man gegen Ende doch etwas mehr Flüssigkeit zugeben müssen, dreht sich die Erde trotzdem weiter. Eine Paella-Pfanne ist schon für kleines Geld zu haben und ist übrigens auch für andere Gerichte ein praktisches Utensil für die gute Draußenküche."

REGEN! NA UND?

Zubereitung der Pracht-Paella auf Seite 128

Pasta mit rohem Thunfisch

ZUBEREITUNGSZEIT: CA. 30 MINUTEN

ZUTATEN FÜR 4 PORTIONEN

400 g frischer, roher Thunfisch
15–20 Cocktailtomaten
2 Knoblauchzehen
60 g Kapern
4 gehäufte EL frische, gehackte Minze
125 ml Trüffelöl
50 ml Olivenöl
600 g Spaghetti
Salz, Pfeffer aus der Mühle
Nach Belieben Parmesan oder Pecorino sowie scharfes Öl

WERKZEUGE

kleine Schüssel
feuerfeste Schüssel
großer Nudeltopf (ca. 5 l)
Nudelsieb

ZUBEREITUNG Den **THUNFISCH** waschen, trocken tupfen, in ca. 1,5 cm x 1,5 cm große Würfel schneiden und in eine kleine Schüssel geben. Die **COCKTAILTOMATEN** waschen, trocken tupfen, zunächst halbieren, dann die Hälften in 6 gleich große Stückchen schneiden. **KNOBLAUCHZEHEN** schälen und auspressen, **KAPERN** abtropfen lassen. Knoblauch, Kapern und gehackte **MINZE** zum Fisch und zu den Tomaten geben, mit **TRÜFFEL-** und **OLIVENÖL** vermischen. Mit Salz und Pfeffer abschmecken und abgedeckt beiseitestellen. Eine große, feuerfeste Schüssel im Ofen auf ca. 70 °C anwärmen. **SPAGHETTI** in reichlich Salzwasser al dente kochen – besser zu viel als zu wenig Wasser nehmen! „Pro Liter Wasser rechnet man 10 g Salz – das entspricht etwa 1 gestrichenen EL pro Liter. Klingt nach viel, ist aber so. Übrigens: Öl im Nudelwasser verhindert nicht das Zusammenkleben der Nudeln. Die Nudeln sollten sich in dem sprudelnden Wasser frei tummeln können und müssen, besonders zu Beginn der Kochzeit, mehrmals umgerührt werden, dann klebt auch nichts. Die Nudeln nach dem Kochen auch nicht abschrecken, schon gar nicht mit kaltem Wasser – es sei denn, man mag fade schmeckende, lauwarme Nudeln!" Kurz bevor die Nudeln fertig sind, die warme Schüssel aus dem Ofen nehmen und 4 Teller im Ofen anwärmen. Die Thunfischmischung in die Schüssel geben und leicht durchrühren. Die Nudeln in einem Nudelsieb etwas abtropfen lassen, also nicht komplett trocken schütteln, und sofort mit der Thunfischmischung vermengen. Die Nudeln auf die angewärmten Teller portionieren, in der Schüssel verbliebene Soße auf den Nudeln verteilen und sofort servieren. Wenn gewünscht, mit frisch gehobeltem **PARMESAN** bestreuen. Dazu scharfes **ÖL** reichen.

„Dieses alte Rezept stammt ursprünglich aus Sizilien, wo frischer Thunfisch – egal, ob roh oder gebraten – seit jeher zum alltäglichen Speiseplan gehört. Hier wird der frische Thunfisch lediglich durch die Hitze der Nudeln gegart und verändert noch während des Essens seinen Zustand von roh nach durch. Auch alle anderen Zutaten werden ungekocht unter die heißen Nudeln gemischt, was zusammen mit dem Trüffelöl ein umwerfendes Aroma ergibt. Wichtig sind frische Zutaten von guter Qualität und ein zügiges Anrichten der Pasta!"

Pizza

ZUBEREITUNGSZEIT: CA. 1,5 STUNDEN
RUHEZEIT FÜR DEN TEIG: CA. 24 STUNDEN

ZUTATEN FÜR 6 PIZZEN

TEIG
1 kg Mehl (Typ 405)
625 ml kaltes Wasser
40 g Meersalz
¼ Block Frischhefe

SOSSE
siehe „Fusilli Cilento" (Seite 88)

AUSSERDEM
Belag nach Wunsch

WERKZEUGE
Rührschüssel
großes Brett
scharfes Messer
kleine Vorratsschalen mit Deckel
(oder Frischhaltefolie)
Backblech oder Pizzastein
Backpapier
Küchentuch
Messer

ZUBEREITUNG In einer Rührschüssel 600 g **MEHL** mit kaltem Wasser, **MEERSALZ** und zerbröckelter **FRISCHHEFE** kräftig zu einem flüssigen Teig verrühren. Die Schüssel mit einem Küchentuch abdecken und ca. 20 Minuten ruhen lassen. Anschließend den Teig etwa 5 Minuten lang gut aufrühren. Das restliche Mehl schrittweise, jeweils 1 Handvoll, unterrühren, bis fast das ganze Mehl aufgebraucht ist. Etwa 1 Handvoll Mehl zurückbehalten. Teig nochmals ca. 20 Minuten abgedeckt ruhen lassen. Danach den immer noch recht zähflüssigen Teig auf ein bemehltes Brett gießen, mit dem restlichen Mehl zu einer Kugel formen und mit einem Messer in 6 gleich große Portionen teilen. Die einzelnen Portionen in kleine Schüsseln oder Frischhaltebehälter geben und mit dem Deckel oder Frischhaltefolie abgedeckt in den Kühlschrank stellen. Dieser sollte nicht eiskalt, sondern eher „normal" eingestellt sein, also auf etwa 5 °C. Der Teig wird dann sein Volumen etwa verdoppeln – das bitte berücksichtigen! Sind keine Schüsseln oder Ähnliches vorhanden, kann man die Teigkugeln auch großzügig und locker mit Frischhaltefolie einwickeln. Der Teig muss nun ca. 24 Stunden im Kühlschrank ruhen. Beim endgültigen Formen der Pizza sollte man reichlich Mehl verwenden, bis der Teig nicht mehr klebt. Den Backofen oder den Pizzastein auf maximale Hitze vorheizen. Wenn man ein Backblech verwendet, dieses im Ofen aufheizen. Pizza auf Backpapier ausrollen, mit der Soße bestreichen, nach Wunsch belegen, mit dem Backpapier auf das heiße Backblech legen und ca. 8–10 Minuten backen. Beim Pizzastein die Pizza direkt auf den Stein legen und ebenfalls ca. 8–10 Minuten backen.

„Das Wichtigste bei einer guten Pizza ist der Teig. Dem ist eigentlich nichts hinzuzufügen. Gut, der eine mag ihn lieber knusprig und dünn, der andere saftig und dick – aber wenn der Teig nicht schmeckt und keinen Biss hat, taugt auch die Pizza nichts. Egal, ob dick oder dünn. Pizzateig wird normalerweise profan als Hefeteig beschrieben. Das ist auch vollkommen richtig, hat aber nichts mit dem Hefeteig zu tun, der für Brot, Brötchen oder andere Backwaren verwendet wird. Vor Jahren hat mir ein befreundeter Koch dieses Teigrezept verraten. Zunächst war ich etwas skeptisch, als ich die halbflüssige Masse sah, die dann auch noch 24 Stunden im Kühlschrank gehen sollte und nicht, wie üblich, wesentlich kürzer an einem warmen Ort. Aber was soll ich sagen: Der Teig ist super! Wenn man jetzt noch einen richtig heißen Ofen sein Eigen nennt, wird man eine großartige Pizza bekommen! Tatsächlich ist die Temperatur beim Pizzabacken sehr wichtig. Ein echter Steinofen erreicht Temperaturen von 400 bis 500 °C und die Pizza ist in ein paar Minuten fertig. Boden knusprig, Rand saftig – perfekt. Eine solche Hitze erreichen wir am heimischen Herd natürlich nicht, aber das Ergebnis wird trotzdem absolut zufriedenstellend sein. Wer öfter mal selbst Pizza macht, sollte sich einen Pizzastein zulegen. Dieser besteht in der Regel aus zweifach gebranntem Ton, auch Schamotte genannt. Diese Steine speichern die Ofenhitze genau wie in einem Steinofen und das Ergebnis ist eine bessere Pizza. Was will man mehr?"

R WIE RIECHEN

„Das riecht aber gut!", ist wohl der erste Satz, den man hört, wenn Gäste in die Küche kommen. Jedenfalls sollte er das sein, denn was verführerisch riecht, schmeckt meistens auch so. Was wäre eine Küche ohne die fantastischen Düfte, die beim Braten oder Backen entstehen? Wenn der frische Knoblauch in das heiße Olivenöl gleitet und sein Aroma entfaltet, der Rosmarin langsam seine ätherischen Öle freisetzt und das Basilikum seine pfeffrige Note zeigt? Wäre doch jammerschade, wenn das keiner mitbekommt! Nicht umsonst ist die Küche der beliebteste Ort im Haus – was besonders bei einer Party auffällt: Die Küche ist immer voll! Leckere Gerüche erzeugen Geborgenheit und eine große Vorfreude auf das, was da bald auf den Tellern präsentiert wird. Deshalb sollte man seine Gäste auch am Kochen teilhaben lassen und sich nicht in der Küche einschließen – degradiert zum Zubereiter, der nur gesehen wird, wenn er das Essen auf den Tisch stellt. Riechen ist schmecken. Und schmecken soll es schließlich allen!

Rindfleischsuppe mit Grießnocken und Rinderbrust mit Meerrettichsoße

ZUBEREITUNGSZEIT: CA. 45 MINUTEN
KOCHZEIT: CA. 4 STUNDEN

ZUTATEN FÜR 4 PORTIONEN

RINDFLEISCHSUPPE
1 kg Rinderbrust
3 Markknochen
1 Bund Suppengrün (Sellerie, Lauch, Karotte, Petersilienwurzel)
1 Zwiebel
1–2 Tomaten
2 l kaltes Wasser
10 Pfefferkörner
1 TL Salz

GRIESSNOCKEN
40 g Butter
60 g Weichweizengrieß
1 Ei
1 EL fein gehackte Petersilie
1 Prise Muskat
Salz, Pfeffer aus der Mühle

MEERRETTICHSOSSE
40 g zimmerwarme Butter
1 gehäufter EL Mehl
150 ml Weißwein
1 TL scharfer Senf
200 ml Sahne
50 g frischer, geriebener Meerrettich
Salz
nach Belieben Kapern
ggf. Pellkartoffeln

ZUBEREITUNG RINDFLEISCHSUPPE MIT GRIESSNOCKEN **RINDERBRUST** und **MARKKNOCHEN** mit kaltem Wasser abwaschen und trocken tupfen. **SUPPENGRÜN** gut putzen, waschen und grob zerkleinern. **ZWIEBEL** schälen und vierteln. **TOMATEN** waschen, trocken tupfen und halbieren. Rindfleisch, Markknochen, Suppengrün, Zwiebelviertel und Tomaten in einen großen Suppentopf geben und mit 2 l kaltem Wasser auffüllen. **PFEFFERKÖRNER** und Salz dazugeben und bei kleiner Flamme ca. 4 Stunden köcheln lassen. Den entstehenden Schaum mit einer Schaumkelle abschöpfen, weil die Suppe sonst trübe und unansehnlich wird. Die Suppe darf nicht heftig kochen, sondern sollte nur leicht simmern! In der Zwischenzeit die Grießnocken vorbereiten. Dafür die zimmerwarme **BUTTER** mit einem Schneebesen etwas schaumig rühren. **WEICHWEIZENGRIESS, EI, PETERSILIE,** etwas **MUSKAT,** Salz und Pfeffer in einer kleinen Schüssel mit der Butter verrühren und für 2 Stunden im Kühlschrank kühl stellen. Nach ca. 4 Stunden – das Fleisch sollte jetzt weich sein – den Herd ausschalten und das auf der Oberfläche schwimmende Fett abschöpfen. Das Fleisch herausnehmen und warm stellen. Die Suppe mit dem Gemüse durch ein feines Sieb in einen kleineren Suppentopf umfüllen. Das Mark aus den Markknochen herauslösen und abkühlen lassen. Die Suppe mit Salz abschmecken und zum Köcheln bringen. Die jetzt fest gewordene Grießpaste aus dem Kühlschrank nehmen, das abgekühlte Knochenmark untermischen, mit 2 Teelöffeln zu kleinen Grießnocken abstechen und in die Suppe geben. Die Grießnocken sollten wirklich klein sein, da sie beim Kochen etwa doppelt so groß werden. Wenn die komplette Grießpaste aufgebraucht ist, die Suppe ausschalten und abgedeckt noch etwa 10 Minuten ziehen lassen. Auf vorgewärmten Tellern heiß servieren.

ZUBEREITUNG RINDERBRUST MIT MEERRETTICHSOSSE „Will man die Rinderbrust mit Pellkartoffeln servieren – was sehr passend wäre –, ist jetzt die Zeit, diese aufzusetzen." In einem Soßentopf die **BUTTER** erhitzen. **MEHL** und **WEISSWEIN** klumpenfrei verrühren und zur Butter geben. Unter Rühren kurz aufkochen lassen, dann den **SENF** und die **SAHNE** unterrühren. Den **MEERRETTICH** dazugeben, mit Salz abschmecken und vom Feuer nehmen. Wer möchte, kann auch ein paar **KAPERN** mit in die Soße geben. Die **KARTOFFELN** pellen, die Rinderbrust in Scheiben schneiden, die Meerrettichsoße unter Rühren kurz aufwallen lassen und dazu servieren.

WERKZEUGE

Suppentopf (ca. 4 l)
Schaumkelle
feines Sieb
Suppentopf (ca. 2 l)
Schneebesen
kleine Schüssel
Soßentopf (ca. 1 l)
2 Teelöffel

„Wenn es wie bei Mama schmecken soll, kommt für mich eigentlich nur diese unschlagbare Kombi infrage: Rindfleischsuppe mit Grießnocken. Im Winter, nach einer langen Wanderung im Schnee, gibt es keine bessere Belohnung als diese Suppe mit den gehaltvollen Klößchen. Dass auch noch ein saftiges Stück Fleisch herausspringt, ist natürlich höchst erfreulich. Die Meerrettichsoße und ein paar Kartoffeln sind ebenfalls ganz fix gemacht! Ein wenig Geduld muss man bei der Zubereitung allerdings aufbringen, denn je langsamer die Suppe köchelt, desto besser wird sie. Dabei kann man, mal abgesehen vom anfänglichen Abschöpfen des Eiweißes, getrost seine Aufsichtspflicht vernachlässigen und schon mal ein Bierchen auf die Mama trinken."

„Und hier noch zwei Tipps: Wenn man die Suppe früh oder schon am Vortag zubereitet und dann gut abkühlen lässt, kann man das fest gewordene Fett ganz einfach herausnehmen. Auf keinen Fall sollte man die Petersilie mitkochen, da die Suppe sonst recht schnell sauer wird."

Rindfleischsuppe mit Grießnocken und Rinderbrust mit Meerrettichsoße

ZUBEREITUNG SEITEN 140–141

Rinderhesse mit Gremolata auf dem Nudelblatt

ZUBEREITUNG SEITE 144

Rinderhesse mit Gremolata auf dem Nudelblatt

ZUBEREITUNGSZEIT HESSEN: CA. 3,5 STUNDEN
ZUBEREITUNGSZEIT NUDELBLÄTTER: CA. 2 STUNDEN

ZUTATEN FÜR 4 PORTIONEN

RINDERHESSEN

2 Rinderhessen (à 500 g)
2 Zwiebeln
500 g Suppengrün
(Lauch, Sellerie, Karotte)
30 g Butterschmalz
300 ml Weißwein
3 Gewürznelken
300 ml Gemüsefond
etwas kalte Butter
Salz, Pfeffer aus der Mühle

GREMOLATA

1 Bund glatte oder krause Petersilie
4 Knoblauchzehen
Meersalz

ZUBEREITUNG RINDERHESSEN Die **RINDERHESSEN** gründlich unter kaltem Wasser abspülen, von etwaigen Knochensplittern befreien und trocken tupfen. Die Seiten der Hessen einschneiden, da sich das Fleisch beim Anbraten sonst zu sehr aufwölbt. Die **ZWIEBELN** und das **SUPPENGRÜN** putzen und in Würfel schneiden. Die Hessen salzen und pfeffern. **BUTTERSCHMALZ** im Schmortopf oder in der Schmorpfanne erhitzen und die Hessen von beiden Seiten je 3 Minuten scharf anbraten. Fleisch herausnehmen und beiseitestellen. Die gewürfelten Zwiebeln in den Topf geben und so lange rösten, bis sie gut Farbe angenommen haben (ca. 5 Minuten). Das gewürfelte Suppengemüse dazugeben, kurz mitrösten. Mit dem **WEISSWEIN** ablöschen und den Bratensatz vom Topfboden lösen. Das Fleisch wieder in den Topf legen, die **GEWÜRZNELKEN** dazugeben und alles abgedeckt auf kleiner Flamme ca. 2,5 Stunden schmoren. Dabei immer wieder kontrollieren, ob sich noch Flüssigkeit im Topf befindet! Sollte keine oder kaum noch Flüssigkeit im Topf sein, mit **GEMÜSEFOND** auffüllen, sodass das Fleisch etwa bis zur Hälfte der Fleischstärke in der Flüssigkeit liegt. Das Fleisch ab und zu wenden. Je nach Qualität der Hessen kann das Fleisch schon nach 2 Stunden gar sein – oder erst 1 Stunde später! Daher ab und zu mit der Gabel prüfen. Das Fleisch muss sich vom Markknochen gelöst haben und sollte sehr weich sein. Wenn das Fleisch gar ist, aus dem Topf nehmen, in Alufolie wickeln und im Ofen warm halten. Das Mark – falls nötig – aus den Knochen kratzen und zum Gemüse geben. Die Knochen dem Hund geben. Den gesamten Topfinhalt in ein feines Sieb geben und in eine Sauteuse (oder einen Stieltopf) passieren. Auf etwa ⅔ der Menge einkochen, mit Salz und Pfeffer abschmecken. Kurz vor dem Servieren noch mit etwas kalter **BUTTER** abziehen. Je 2 Nudelblätter auf vorgewärmte Teller legen, das Fleisch dazugeben und die Soße angießen. Das Fleisch mit der Gremolata bestreuen und heiß servieren.

ZUBEREITUNG GREMOLATA Die **PETERSILIE** waschen, trocken schütteln und fein hacken. Die **KNOBLAUCHZEHEN** schälen und mit der Knoblauchpresse zerdrücken. Alles mit einer Prise **MEERSALZ** vermischen.

ZUBEREITUNG NUDELBLÄTTER **HARTWEIZENGRIESS** und **MEHL** mischen. Auf einem Backbrett oder einem sauberen Tisch aufhäufen und in die Mitte eine Mulde drücken. **EIER, MEERSALZ** und **OLIVENÖL** dazugeben. Das Mehl nach und nach unter die Eier mischen und ordentlich durchkneten. „Das Kneten ist sehr wichtig und sollte beherzt stattfinden – und zwar so lange, bis sich beim Durchschneiden des Teigs kleine Bläschen zeigen. Ich finde übrigens, dass man den Teig unbedingt von Hand und nicht mit einer Rührmaschine kneten sollte. Zum einen wird der Teig elastischer und homogener, wenn man ihn mit den warmen Händen knetet, zum anderen macht es auch viel mehr Spaß." Sollte der Teig zu trocken sein und sich nicht gut verbinden, einen Schuss lauwarmes Wasser dazugeben. Den Teig in ein sauberes Leinentuch einschlagen und etwa 20 Minuten im Kühlschrank ruhen lassen. Anschließend in 4 gleich große Stücke schneiden und mit der Nudelmaschine oder einem Nudelholz zu dünnen Bahnen ausrollen (Nudelmaschine: Stärke 7), dabei mit einer dickeren Stufe (2) beginnen und dann immer dünner werden, bis der Teig etwa ½ mm dünn ist. Hierbei so sparsam wie möglich mit Mehl umgehen, da die Nudelplatten sonst nicht gut aneinanderhaften. Die Teigbahnen in gleich große Platten aufteilen. **PETERSILIE** waschen, trocken schütteln und je 1 Petersilienblatt in die Mitte einer Platte legen, eine zweite Platte so darauflegen, dass keine Luftblasen entstehen, und andrücken. Die Platten ca. 1 Stunde auf den Leinentüchern trocknen lassen. In sprudelndem Salzwasser ca. 5–6 Minuten al dente kochen. Der Topf muss so groß sein, dass sich die Nudelplatten frei bewegen können und nicht zusammenkleben – lieber einen zu großen als einen zu kleinen Topf verwenden!

NUDELBLÄTTER

200 g Hartweizengrieß
200 g Mehl (Typ 550)
3 Eier
½ gestr. TL feines Meersalz
1 EL Olivenöl
lauwarmes Wasser
1 Bund glatte Petersilie
Salz

WERKZEUGE

Backbrett
Schmortopf oder Schmorpfanne (Ø 32 cm)
Alufolie
feines Sieb oder Spitzsieb
Stieltopf oder Sauteuse
Nudelmaschine oder Nudelholz
großer Kochtopf
saubere Leinentücher (Küchentücher)

„Der Hesse ist, zumindest in unserem Kulturkreis, genauso wenig zum Verzehr geeignet wie der Brandenburger. Die Hesse, auch Beinscheibe genannt, ist es dagegen durchaus. Im Gegensatz zu ihrer berühmten Schwester, der Mailänder Kalbshaxe – besser bekannt als Ossobuco alla milanese – ist sie in jeder Metzgerei für kleines Geld zu bekommen. Eigentlich als schnödes Suppenfleisch gedacht, wird aus dem attraktiven Fleischstück mit dem schönen Knochen in der Mitte durch langsames Schmoren ein saftiger Leckerbissen mit einer grandiosen Bratensoße."

„Für die Nudelblätter kann man auch Mehl vom Typ 405 oder 00 verwenden – je feiner, desto besser! Je höher die Typbezeichnung, desto mehr gesunde Inhaltsstoffe enthält das Mehl. Allerdings wird es auch grober, benötigt eventuell mehr Wasser oder Eier und die Nudeln werden dunkler und nicht so fein (siehe Vollkornnudeln)."

Schokokuchen à la Carlotta

ZUBEREITUNGSZEIT: CA. 30 MINUTEN

BACKZEIT: CA. 50 MINUTEN

ZUTATEN FÜR 1 KUCHEN

220 g gute, dunkle Schokolade
200 g Butter
230 g Zucker
5 Eier
2 gehäufte EL Mehl
1 gehäufter TL Backpulver
nach Belieben Schlagsahne

WERKZEUGE

ineinanderpassende Töpfe (für das Wasserbad)
große Rührschüssel
Schneebesen
runde Springform (Ø 25 cm)

ZUBEREITUNG Die **SCHOKOLADE** grob zerkleinern, mit der **BUTTER** im Wasserbad schmelzen und etwas abkühlen lassen. Den Backofen auf 170 °C vorheizen. Den **ZUCKER** und die **EIER** in einer Rührschüssel mit dem Schneebesen gut schaumig rühren. Eine Springform mit Butter ausstreichen. Die leicht abgekühlte, aber noch gut flüssige Schokolade mit der Zucker-Ei-Masse verrühren. **MEHL** und **BACKPULVER** dazusieben und unterheben. Alles in die Springform gießen und ca. 50 Minuten auf der mittleren Schiene backen. Am besten lauwarm servieren. Nach Belieben **SCHLAGSAHNE** dazu reichen.

„Was man nicht alles beim Backen falsch machen kann! Und wie die Küche danach aussieht: dreckige, mit Teig verkleisterte Schüsseln, alles mit einer hauchdünnen Schicht Mehl bestäubt, angetrockneter Eischnee und zuckrig-klebrige Stellen überall. Und das alles nur, um später einen staubtrockenen, leicht angebrannten Fladen aus dem Ofen zu ziehen, dem auch das Sahnehäubchen nicht mehr helfen kann. Backen ist wirklich nicht jedermanns Sache und die wahren Meister in dieser Disziplin sind in der Regel Frauen. Aber keine Sorge: Auch mit XY-Chromosomen ist man in der Lage, einen Teig anzurühren! Daher sollte man nicht die Flinte ins Mehl werfen, sondern es stattdessen lieber mit diesem genialen Schokokuchen versuchen, der übrigens fast ganz ohne Mehl auskommt. Man braucht nur wenige Utensilien – und das Ergebnis ist eine Granate von einem Kuchen, der so lecker ist, dass man ihn ganz bestimmt immer wieder zaubern wird!"

S WIE SCHOCK FÜR ZARTBESAITETE

SCHWEIN AM SPIESS

Schwein am Spieß

ZUBEREITUNGSZEIT: JE NACH GRÖSSE 5–10 STUNDEN

ZUTATEN FÜR 20 PORTIONEN

1 ausgenommenes und geprüftes Schwein (10–30 kg)
leicht gesalzenes Wasser
Salz, Pfeffer aus der Mühle

WERKZEUGE

Grillspieß mit Füßen
trockenes Ofenholz (Eiche, ca. 35 cm lang)
Pinsel
Kochmesser
Ausbeinmesser
Küchenbeil
Fleischthermometer

ZUBEREITUNG Das **SCHWEIN** innen und außen mit Salz einreiben und auf den Spieß stecken. Die Spießklammern so im Bug (Kopf, Vorderkeulen) und in der Hüfte befestigen, dass das Schwein sich stabil drehen lässt. Die Höhe des Spießes so einstellen, dass sich das Schwein ca. 70–80 cm über dem Boden befindet. Auf Höhe des Bugs und der Hinterkeulen werden nun 2 kleine Feuer aus etwa 6–8 Ofenscheiten entzündet – da sich an diesen Stellen das meiste Fleisch befindet, benötigt man hier auch die meiste Hitze. Keine Sorge: Die Bauchpartie wird trotzdem mitgebraten, weil die Hitze sich verteilt. „Die Feuerstellen nicht direkt unter dem Schwein platzieren, sondern etwa 50 cm versetzt, denn das Schwein soll durch die Hitze des Feuers und nicht durch die Flammen gegart werden. Unbedingt darauf achten, dass das Feuer nicht zu groß wird – das Schwein verbrennt sonst." Wenn es sehr windig ist, sollte man einen Windschutz aufstellen. Das Schwein sollte sich gleichmäßig und langsam drehen. Ein Grillmotor leistet hier gute Dienste! Will man das Schwein lieber von Hand drehen, sollte man 2 gute Freunde und viel Flüssigkeit bei sich haben und sich abwechseln. Während des Grillens im Abstand von jeweils ca. 30 Minuten das Schwein mit leicht gesalzenem Wasser einpinseln. Ein Ferkel von 10 kg ist nach etwa 4–5 Stunden fertig, ein Schwein von 20 kg braucht ungefähr 7–8 Stunden. Kerntemperatur fürs Fleischthermometer: 75 °C. Beim Servieren etwas frischen Pfeffer darübermahlen.

„Ein Schwein, das sich langsam über einem Holzfeuer am Spieß dreht, gehört sicher zu den archaischsten Bildern, die einem zum Thema Grillen durch den Kopf gehen. Sofort denkt man an Asterix, Obelix und lustig saufende Gesellen, die auf den Tischen tanzen und sich auf den schmackhaften Braten freuen, der mit jeder Umdrehung saftiger und knuspriger wird. Grund genug also, den Bildern Taten folgen zu lassen und es selbst einmal auszuprobieren, denn so kompliziert ist das gar nicht. Natürlich bedarf das Schweinegrillen einiger Vorbereitungen, wobei selbst die Beschaffung des geeigneten Grillspießes keine wirkliche Hürde darstellt. Fertige Modelle sind im Handel schon für unter 150 Euro zu haben. Aber auch gegen einen Selbstbau spricht nichts. Will man ein größeres Schwein über dem Feuer grillen, sollte man darauf achten, dass der Grillspieß entsprechend lang ist: Er sollte etwa die 2- bis 2,5-fache Länge des zu grillenden Tieres haben. Spießlängen ab 2 m sind eine gute Wahl. Auf unserem – von meinem Freund Wolfgang gebauten – Modell finden sogar gleich zwei Schweine hintereinander Platz, was für einen netten Abend mit 60 Freunden ausreichen sollte. Ein Schwein zu besorgen ist ebenfalls ganz einfach: Man geht zum Metzger und bestellt sich eins. Die Preise sind oftmals erstaunlich moderat. Und wenn man dem Fleischer etwa eine Woche Zeit lässt, hat er genügend Zeit, sich um die Bestellung zu kümmern. Die meisten Metzger bieten sogar an, das erworbene Schwein oder Ferkel gegen Aufpreis vorzugaren, sodass es über dem Feuer nur noch kross gegrillt werden muss. Das ist super, wenn es etwas schneller gehen soll. Allerdings: Wenn man sich schon die Arbeit macht, einen Spieß aufzustellen, kann man sich auch die Zeit nehmen, das Schwein von Anfang bis Ende selbst zuzubereiten. Das ist zudem eine wirklich meditative Aufgabe – und es ist eine wahre Wonne, dabei zuzusehen, wie das Schwein langsam Farbe annimmt und glänzend vor sich hin brutzelt. Eine Faustregel: Ein etwa 10 kg schweres Ferkel reicht für etwa 10–12 gute Esser, ein 20 kg schweres Tier für etwa 20–25 Gäste. Viel Spaß! Es lohnt sich!"

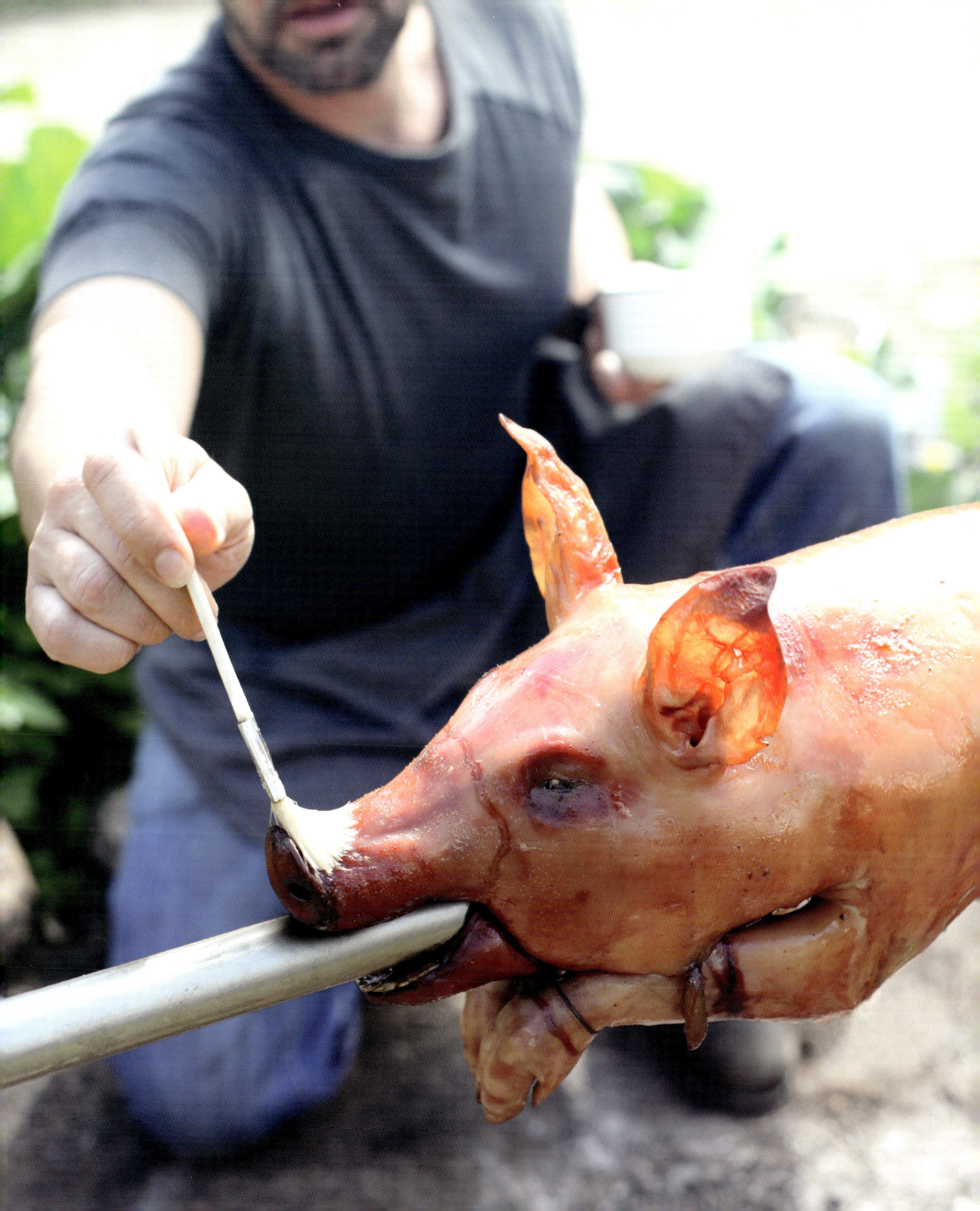

Die Beute wird immer gerecht geteilt!

Beim Zerlegen des Schweins sollte man nicht einfach wild drauflosschneiden, sondern mit ein wenig System vorgehen: Um ein Auskühlen des Fleisches zu verhindern, nimmt man sich die beiden Seiten des Tieres nacheinander vor. Das geht sehr gut zu zweit, wobei der eine Trancheur die Teile auslöst und der andere die Stücke portioniert und gegebenenfalls entbeint. Ich würde immer mit einer Hinterkeule beginnen. Während diese portioniert wird, arbeitet man sich über den Bauch zur Vorderkeule vor und zerlegt dann die andere Seite des Schweins. Ein sehr scharfes, nicht zu kleines Kochmesser ist hier unerlässlich. Zusätzlich sind ein Ausbeinmesser und ein Küchenbeil sehr hilfreich. Das meiste Fleisch steckt in den Keulen, der Bauch ist relativ unergiebig, liefert aber eine knusprige Schwarte. Der Nacken ist fettreich und saftig, der Rücken mager und zart. Den Schweinskopf sauber zu zerlegen ist schon etwas schwieriger, belohnt aber mit einigen sehr leckeren Stücken (Bäckchen!), die traditionell dem Grillmeister vorbehalten sind!

Spareribs

ZUBEREITUNGSZEIT: CA. 2 STUNDEN

ZUTATEN FÜR 8–10 PORTIONEN

KOCHWASSER (4 L)

40 g Salz (ca. 4 TL)
25 g Wacholderbeeren
5 Lorbeerblätter
2 TL Kümmel
2,5 kg Spareribs/Schälrippchen

BARBECUESOSSE

3 EL Tomatenmark
80 ml Ketchup
100 ml Worcestersoße
30 ml Sojasoße
250 ml Olivenöl
200 g Honig
1 EL Senf
2 ausgepresste Knoblauchzehen
2 TL Oregano
3 TL Thymian
2 EL rosa Pfefferbeeren
2 TL Cayennepfeffer
ca. 200 ml Bier
etwas Meersalz

WERKZEUGE

großer Kochtopf (ca. 4 l)
Mörser
Schüssel
Knoblauchpresse
Grillzange
Alufolie

SPARERIBS VORKOCHEN Einen großen Kochtopf mit Wasser füllen und zum Kochen bringen. Salz in das Wasser geben. Die **WACHOLDERBEEREN** leicht mit einem Messergriff oder im Mörser zerdrücken und mit **LORBEERBLÄTTERN** und **KÜMMEL** ins Kochwasser geben. Die **SPARERIBS** darin bei niedriger Hitze leise köcheln lassen. Nach ca. 2 Stunden herausnehmen, mit der Barbecuesoße bestreichen und auf dem heißen Grill fertig grillen.

SPARERIBS IM BACKOFEN VORGAREN Die Spareribs salzen und pfeffern, in Alufolie wickeln und im Backofen bei 100–120 °C ca. 3 Stunden garen, bis sie ganz weich sind. Mit der Barbecuesoße bestreichen und auf dem heißen Grill fertig grillen.

ZUBEREITUNG BARBECUESOSSE Alle **ZUTATEN**, außer **BIER** und **MEERSALZ**, miteinander verrühren. Dann nur so viel Bier dazugeben, dass die Soße die richtige Konsistenz hat: Sie sollte etwa so flüssig wie Tomatenketchup sein. Mit **MEERSALZ** abschmecken. Falls noch vorhanden: Bier austrinken.

„Spareribs kann man auf verschiedene Arten zubereiten. Was jedoch garantiert schiefgeht: sie einfach roh auf den Grill legen. Was dabei herauskommt, ist einfach nur zäh und fettig. Das will man nicht haben! Die klassische Methode besteht darin, die Rippchen indirekt zu grillen – sie also neben den glühenden Kohlen bei geringer Hitze für etwa 3 Stunden (oder auch länger) langsam in einem geschlossenen Grill mit Haube zu garen, dann mit der leckeren Soße zu bestreichen und noch ein bisschen schmurgeln zu lassen. Kann man machen, dauert aber – und man muss ständig auf der Hut sein, dass nichts anbrennt, und hin und wieder glühende Kohlen nachlegen. Wenn man zudem ein paar mehr Leute als nur sich selbst und den Nachbarn satt kriegen will, muss der Grill auch entsprechend groß sein. Deshalb ist es einfacher, die Spareribs vor dem Grillen zu garen oder zu kochen. Außerdem hat man hierbei sogar die Möglichkeit, das Kochwasser zu aromatisieren. Leider geht umgekehrt ein Teil des Fleischgeschmacks ins Kochwasser, was sich aber, wie ich finde, in Grenzen hält. Ein großer Vorteil bei dieser Methode ist, dass man die Rippchen zu Hause vorkochen kann, um sie dann mit auf die Grillparty zu nehmen. Eine weitere sehr beliebte Zubereitungsart ist, die Rippen im Backofen zu garen und auf dem Grill – eingepinselt mit leckerer Soße – fertig zu grillen. Das eigentliche Grillen geht ganz schnell und man kann nach und nach bergeweise Spareribs servieren. So soll das sein! Für welche Methode man sich auch entscheidet: Die Spareribs werden auf jeden Fall superzart und saftig!"

So baut Mann mal eben einen Grill!

Speckpfannkuchen

ZUBEREITUNGSZEIT: CA. 20 MINUTEN
RUHEZEIT FÜR DEN TEIG: CA. 30 MINUTEN

ZUTATEN FÜR 1 PFANNKUCHEN

3 Eier
25 g Mehl
100 ml Milch
1 Bund Petersilie
1 kleine Zwiebel
1 EL Butterschmalz
125 g dünn geschnittenen Bacon oder Bauchspeck
1 TL Butter
Salz, Pfeffer aus der Mühle
nach Belieben würziger Käse (z. B. Gruyère, Appenzeller, Emmentaler, Cheddar)
saure Gurken als Beilage

WERKZEUGE

Schüssel
Bratpfanne
evtl. großer Topfdeckel

ZUBEREITUNG **EIER, MEHL, MILCH,** Salz und Pfeffer zu einem glatten Teig verrühren und ca. 30 Minuten kühl stellen. **PETERSILIE** waschen, trocken tupfen und klein hacken. **ZWIEBEL** schälen und fein würfeln. Den Teig nach der Ruhezeit nochmals aufrühren, Petersilie und Zwiebelwürfel unterheben. Das **BUTTERSCHMALZ** bei mittlerer Flamme erhitzen, darin den **BACON** beidseitig etwa 3 Minuten hellbraun, aber nicht zu kross anbraten. Den Teig dazugeben, den Bacon gleichmäßig verteilen und bei reduzierter Hitze stocken lassen. Dabei mit einer Gabel die Baconscheiben anheben und die flüssige Teigmasse darunterfließen lassen. Den Pfannkuchen wenden, wenn kein flüssiger Teig mehr auf der Oberseite schwimmt; der Teig sollte jetzt auf der Unterseite goldbraun gebacken sein. Ist der Pfannkuchen zu dunkel, war die Hitze zu hoch. Wer es kann, wendet den Pfannkuchen werfend. Das sieht allerdings nur gut aus, wenn es auch klappt! Ansonsten leistet ein großer, flacher Topfdeckel gute Dienste, indem man den Pfannkuchen daraufgleiten lässt, die Pfanne kopfüber darüberstülpt und beides wieder umdreht – sieht auch gut aus! Ein großer Teller geht theoretisch auch, lässt sich jedoch schlecht wieder abheben, da er keinen Griff hat. Nach dem Wenden die **BUTTER** am Pfannenrand dazugeben, Pfannkuchen knusprig ausbacken und heiß servieren. Wer möchte, reibt würzigen **KÄSE** über den heißen Pfannkuchen. Pflichtbeilage: saure **GURKEN**. Auch sehr gut: Rettichsalat.

„Ein Speckpfannkuchen ist ein Pfannkuchen mit Speck. Ja, vielen Dank für diese erhellende Information! Aber was macht einen guten Speckpfannkuchen aus? Soll er kross oder saftig sein? Dick oder dünn? Oder alles auf einmal? Auf jeden Fall ist er eine vollständige Mahlzeit und sollte deshalb, wie ich finde, auch entsprechend gehaltvoll sein, also ordentlich Speck enthalten. Bei diesem Rezept verwenden wir Bacon oder dünn geschnittenen Bauchspeck, der hier in beiden Aggregatzuständen vorkommt: knusprig und saftig. Wer keine Zwiebeln mag, lässt sie einfach weg. Statt Petersilie kann man auch Schnittlauch verwenden – aber reichlich davon! Zum Braten nimmt man am besten eine beschichtete Pfanne, damit das gute Stück vollständig erhalten bleibt und nicht festbackt."

Auf die richtige Technik kommt es an!

Mit Essen spielt man nicht! Oder doch? Einen Pfannkuchen zu werfen macht richtig Freude! Man kann ihn natürlich auch weniger spektakulär mit einem Topfdeckel wenden – aber ein bisschen Spaß muss einfach sein. Wer keine Angst um seine Küche hat, kann es ja auch gerne mal die Gäste versuchen lassen. Also ruhig ein bisschen mehr Teig anrühren, um diverse Ausfälle zu ersetzen!

SUPERHELDEN
IM KAMPF UM DIE SUPER-BURGER

Und die Verlierer spülen ab!

Super-Burger

Einen Hamburger zu machen ist eigentlich keine große Sache: Alle Zutaten kann man fertig kaufen – und wem sogar das Formen der Bratlinge zu viel ist, der findet auch diese fertig im Tiefkühlschrank des Supermarktes. Dass das hier natürlich nicht so läuft, hat sich der geneigte Leser sicher schon gedacht, denn unser Super-Burger ist komplett selbst gemacht. Das gilt nicht nur für die Brötchen und die Bratlinge, sondern auch für die eingelegten Gurken und die Soßen. Und wenn man sogar sein Burgerfleisch selbst durch den Wolf jagt, kann man ja wohl auf etwas Feineres als auf schnödes Rindfleisch zurückgreifen. Auf etwas Fett in Form von Bauchspeck sollte man jedoch trotzdem nicht verzichten!
Gut, okay, die Tomaten, die Gurken, die Zwiebeln und der Salat sind nicht selbst gezogen. Sie könnten es aber sein – was den Burger dann endgültig zu einem spitzenmäßigen Slowfood-Gericht machen würde. Was er ja sowieso schon ist.

Super-Burger

ZUBEREITUNGSZEIT: CA. 3 STUNDEN

ZUTATEN FÜR 6 BURGER

EINGELEGTE GURKEN
1 Salatgurke
6 gehäufte TL Zucker
3 gehäufte TL Meersalz
Saft von 1 Zitrone
7 Gewürznelken

KETCHUP
500 g vollreife Tomaten
1 Zwiebel
80 ml Olivenöl
1 gehäufter TL Zucker
1 TL Honig
3 EL Apfelessig
1 Lorbeerblatt
Salz, Pfeffer aus der Mühle

KNOBLAUCHMAYONNAISE
20 Blätter frische Minze
3 Eigelb
6 Knoblauchzehen
Saft von 1 Zitrone
ca. 250 ml Pflanzenöl
Salz, weißer Pfeffer aus der Mühle

ZUBEREITUNG EINGELEGTE GURKEN Die **SALATGURKE** waschen, trocken tupfen und in etwa 1,5 mm dünne Scheiben hobeln. **ZUCKER** und **MEERSALZ** mit dem **ZITRONENSAFT** verrühren, die **GEWÜRZNELKEN** dazugeben und alles über die Gurkenscheiben gießen. Abgedeckt ca. 1 Stunde ziehen lassen, dabei ab und zu durchmengen. „Man kann die Gurken auch schon am Vortag zubereiten und in ein sauberes Einmachglas oder Ähnliches füllen. Im Kühlschrank halten sie sich mehrere Tage."

ZUBEREITUNG KETCHUP Die **TOMATEN** waschen, trocken tupfen und pürieren. Die **ZWIEBEL** schälen, fein würfeln und in einem Topf mit 60 ml **OLIVENÖL** anschwitzen. **ZUCKER** dazugeben und unter Rühren etwas karamellisieren. Mit **HONIG** verrühren und mit **APFELESSIG** ablöschen. Den Essig etwas verdampfen lassen, sodass eine sirupartige Konsistenz entsteht. Die pürierten Tomaten hinzufügen und bei kleiner Flamme abgedeckt etwa 45 Minuten zu Ketchup einkochen. Nach 30 Minuten das **LORBEERBLATT** dazugeben. Ist die gewünschte Konsistenz erreicht, den Topf von der Flamme nehmen, die Soße etwas abkühlen lassen und das restliche Olivenöl hinzufügen. Mit dem Zauberstab nochmals pürieren – hierbei wechselt die Farbe der Soße in ein dunkles Orange. Mit Salz und Pfeffer abschmecken. Ketchup in ein sauberes Glas oder eine Quetschflasche füllen. „Die Verwendung frischer Tomaten hat nur dann einen Sinn, wenn die Früchte richtig reif sind und das Verhältnis von Fruchtsäure und Fruchtzucker ausgewogen ist. Sind die Tomaten nicht lecker ‚tomatig', würde ich eher die Verwendung von Dosentomaten empfehlen (siehe selbst gemachte Currywurst auf Seite 42)."

ZUBEREITUNG KNOBLAUCHMAYONNAISE **MINZE** waschen und trocken tupfen. **EIGELBE**, geschälte **KNOBLAUCHZEHEN** (können auch mehr als 6 sein), **ZITRONENSAFT**, Salz, Pfeffer und Minze in den Mixer geben und etwa 10 Sekunden auf hoher Stufe zerkleinern. **PFLANZENÖL** in dünnem Strahl dazugießen, bis die Mayonnaise fest ist – da geht viel Öl rein! Eventuell nachwürzen. „Für die Mayonnaise kann man eigentlich jedes beliebige Pflanzenöl verwenden. Wenn man sich für Olivenöl entscheidet, muss man allerdings damit rechnen, dass die Mayo sehr herb und etwas bitter wird. Wer das nicht möchte, dem empfehle ich einfaches, neutrales Sonnenblumenöl."

ZUBEREITUNG BURGERBRÖTCHEN „Hierbei ist darauf zu achten, dass alle Zutaten und Werkzeuge, auch die Rührschüssel und das Backblech, leicht lauwarm sind, da das die Triebfähigkeit des Teigs enorm unterstützt." **WEIZENMEHL, MEERSALZ, ZUCKER** und **TROCKENHEFE** in eine Rührschüssel geben und alles vermengen. Die Schüssel mit Inhalt kurz (!) in den Backofen stellen und alles leicht erwärmen. Das **EI** und 1 **EIGELB** mit der **MILCH** in einem

Becherglas verrühren und in warmes Wasser stellen. In einem kleinen Topf die **BUTTER** schmelzen und wieder etwas abkühlen lassen. Ist die Eiermilch lauwarm, alles in die Mehlmischung geben und zunächst mit einer Gabel, dann mit den Händen ca. 4 Minuten zu einem homogenen Teig kneten. Anschließend die flüssige Butter unterkneten und weitere 8–10 Minuten walken. Den so entstandenen Teig mit einem Küchentuch abdecken und für etwa 1–1,5 Stunden an einem warmen Ort gehen lassen. Hat der Teig sein Volumen etwas mehr als verdoppelt, wird er abgeschlagen. Hierfür sollte man alles vorbereitet haben, denn jetzt muss zügig gearbeitet werden – wird der Teig nämlich zu lange geknetet und gerollt, geht er nicht mehr so gut auf. Auf einer bemehlten Fläche sollten ein Nudelholz und der Garnierring bereitliegen. In direkter Reichweite befindet sich das angewärmte, mit Backpapier belegte Backblech. Der Teig wird auf die bemehlte Fläche gestürzt und nur sehr kurz (10 Sekunden) durchgeknetet. Dann mit dem Nudelholz zügig auf eine Dicke von ca. 2 cm ausrollen und mit dem Garnierring 6 Brötchen abstechen. Sollten nur 5 Brötchen beim Abstechen herauskommen, den verbliebenen Teig zu einer Kugel formen und in dem Garnierring zu einem Brötchen pressen. Die ausgestochenen Backlinge auf das Backblech legen und abgedeckt nochmals 30 Minuten an einem warmen Ort gehen lassen. Den Ofen auf 200 °C vorheizen. 1 **EIGELB** mit Wasser verrühren und damit die Brötchen einpinseln, bei Bedarf **SESAMKÖRNER** aufstreuen. Auf der mittleren Schiene 20–25 Minuten goldgelb backen. Vor dem Aufschneiden etwas abkühlen lassen. Die aufgeschnittenen Brötchen vor dem Servieren auf der Innenseite etwas anrösten (z. B. in der Grillpfanne).

ZUBEREITUNG BURGER Die eigentlichen Bratlinge zu machen ist mit Abstand die einfachste Aufgabe bei diesem Rezept. Die **LAMMFILETS** mit dem gewürfelten **BAUCHSPECK** ohne Schwarte durch die grobe Scheibe (6–8 mm) des Fleischwolfs drehen, salzen und pfeffern und mit dem Garnierring auf einem Stück Backpapier zu etwa 1,5 cm dicken Burgern formen. Wenn der Garnierring abgenommen wird, die Bratlinge mit der Außenseite des Garnierrings noch etwas größer rollen und mit **OLIVENÖL** beidseitig einreiben. Eine Grillpfanne stark erhitzen, aber kein Öl in die Pfanne geben. Die Burger in der Pfanne bis zum gewünschten Gargrad ausbraten und dabei mit einer Gabel auf den Pfannenboden drücken. Nach ca. 3 Minuten pro Seite sind die Burger gut durch. Noch besser ist es natürlich, die Burger zu grillen! Dann mit etwas weniger Öl einreiben oder das Öl ganz weglassen. **TOMATEN** und **ZWIEBELN** nicht zu dick hobeln und mit den eingelegten Gurken, dem **FELDSALAT**, kross ausgebratenem **BACON**, **PECORINO** und den Soßen zum Burger reichen.

BURGERBRÖTCHEN

500 g Weizenmehl (Typ 405)
1 gestr. TL Meersalz
25 g Zucker
1 Tütchen Trockenhefe
1 Ei
2 Eigelb
200 ml Milch
40 g Butter
1 EL Wasser
evtl. Sesamsaat

BURGER

1 kg Lammfilets
200 g fetter Bauchspeck
2–3 EL Olivenöl
Salz, Pfeffer aus der Mühle

WEITERER BELAG

Tomaten
Zwiebeln
Feldsalat
gegrillter Bacon
evtl. mittelalter Pecorino

WERKZEUGE

Fleischwolf
Zauberstab oder Mixer
Garnierring (Ø 12 cm)
Nudelholz
Backpinsel
Backblech
Backpapier
Gemüsehobel
Rührschüssel
Soßentopf (Ø 22 cm)
Grillpfanne
Becherglas

T WIE TOLLES TEAM

Tapastorte

ZUBEREITUNGSZEIT: CA. 70 MINUTEN

ZUTATEN FÜR 4–5 PORTIONEN

1–2 Zucchini
ca. 30 g Meersalz
400 g rote, gelbe und grüne Gemüsepaprika
1 scharfe Peperoni
6 EL Olivenöl
2 Knoblauchzehen
5 Eier
4 EL Milch
40 g Parmesan
Salz, Pfeffer aus der Mühle

WERKZEUGE

Gemüsehobel
großer Teller oder Keramikplatte
Bratpfanne
Küchenkrepp
feuerfeste Rechteckform
kleine Schüssel

ZUBEREITUNG **ZUCCHINI** waschen, trocken tupfen und der Länge nach in gleichmäßige, etwa 4 mm dicke Scheiben schneiden. Das geht am besten mit einem Gemüsehobel. Die Scheiben auf einem großen Teller oder einer Platte auslegen und mit reichlich **MEERSALZ** auf beiden Seiten bestreuen. Das Salz entzieht den Zucchini das Wasser und wird später zu einem Großteil wieder mit abgewaschen. **GEMÜSEPAPRIKA** waschen, trocken tupfen und in etwa 1 mm dünne Streifen schneiden oder hobeln. Die **PEPERONI** waschen, trocken tupfen und in kleine Ringe schneiden. In einer Pfanne 4 EL **OLIVENÖL** erhitzen, Peperoni und Paprika darin unter häufigem Wenden scharf braten, bis einige Streifen gut Farbe angenommen haben. Am Ende der Bratzeit die Pfanne vom Feuer nehmen. Die **KNOBLAUCHZEHEN** schälen und in die Pfanne pressen, etwas salzen, gut vermengen und in einer kleinen Schüssel oder auf einem Teller abkühlen lassen. Das mittlerweile aus den Zucchini ausgetretene Wasser abgießen und die Scheiben mit Küchenkrepp trocken tupfen. Mit dem restlichen Olivenöl begießen und allseitig darin wenden. In einer heißen, trockenen Pfanne die Zucchinischeiben beidseitig etwa je 2 Minuten Farbe annehmen lassen. Die Pfanne vom Feuer nehmen und die Zucchini etwas pfeffern. **EIER**, **MILCH**, den geriebenen **PARMESAN** und wenig Salz miteinander verrühren. Die Rechteckform innen mit den Zucchinischeiben auskleiden. Die Paprika in die Form füllen. Die Eiermasse darübergießen. Den Backofen auf 170 °C einstellen und auf der mittleren Schiene ohne vorzuheizen etwa 45 Minuten backen. Danach etwa 5 Minuten abkühlen lassen und aus der Form nehmen. Entweder ganz abkühlen lassen oder lauwarm in 2 cm dicken Scheiben servieren.

„Tapas kennt jeder! Kleine Leckereien, die zu Wein oder Bier gereicht werden. In Spanien sogar meist kostenlos, jedenfalls die einfachen Varianten – ein echter Segen, wenn der Abend mal wieder etwas länger wird. Da Tapas in der Regel recht würzig zubereitet sind, schlägt sich das natürlich auch auf den Getränkekonsum nieder, womit dann auch dem Wirt geholfen ist. Eine echte Win-win-Situation also – und man fragt sich zu Recht, warum das bei uns nicht genauso gemacht wird. Was soll's. Andere Länder, andere Sitten. Und wenn man schon nicht in seiner Stammkneipe gefüttert wird, kann man trotzdem seinen eigenen Gästen eine ordentliche Verpflegung zum Bier angedeihen lassen. Diese Tapastorte, die somit eigentlich eine Tortilla ist, schmeckt kalt fast noch besser als warm, ist supersaftig und macht satt."

T WIE TREIBEN LASSEN

Tarte Tatin

ZUBEREITUNGSZEIT: CA. 50 MINUTEN
BACKZEIT: CA. 30–40 MINUTEN
RUHEZEIT FÜR DEN TEIG: CA. 2 STUNDEN

ZUTATEN FÜR 4 PORTIONEN
250 g Weizenmehl (Typ 550)
250 g Butter
1 Ei
1 Prise Meersalz
1,2 kg säuerliche Äpfel
(z. B. Boskop, Renetten oder
Golden Delicious)
120 g Zucker
1 Becher Schlagsahne
oder Crème fraîche

WERKZEUGE
Rührschüssel
feines Sieb
flache, schwere Backform mit möglichst
dickem Boden (Ø ca. 26 cm)
großer, flacher Teller

ZUBEREITUNG **WEIZENMEHL** in eine Schüssel sieben. 150 g **BUTTER** in kleinen Stücken oder Flocken dazugeben und so mit den Fingern vermengen, dass eine feinkrümelige Masse entsteht. **EI** und **MEERSALZ** dazugeben, durchmischen und zu einer Teigkugel formen. Den Teig ca. 2 Stunden kühl ruhen lassen. Die **ÄPFEL** dünn schälen und aus jedem Apfel 8 Schiffchen schneiden. Kerngehäuse entfernen. 70 g Butter in der Backform bei mittlerer Flamme zerfließen lassen, 90 g **ZUCKER** dazugeben und unter Rühren etwas karamellisieren. „Die Masse darf noch nicht braun werden, den Zucker also nur leicht verflüssigen. Hierbei wäre eine möglichst schwere Backform mit einem dicken Boden von Vorteil, damit sich die Hitze gleichmäßiger verteilt. Eine Bratpfanne ohne Stiel geht auch sehr gut." Sobald der Zucker flüssig ist, die Form von der Flamme nehmen und die Apfelschiffchen mit der gewölbten Seite nach unten kreisförmig und gleichmäßig in der Form verteilen. Die restlichen Apfelstücke umgekehrt – also mit der Wölbung nach oben – in die Zwischenräume stecken, sodass eine nahezu geschlossene Apfeldecke entsteht. Den restlichen Zucker und die übrig gebliebene Butter auf den Äpfeln verteilen und die Form wieder auf die Flamme stellen. Bei mittlerer Hitze ca. 20 Minuten kochen, wobei hellbraunes Karamell zwischen den Apfelstücken sichtbar wird. Die letzten 10 Minuten der Kochzeit einen Deckel auflegen oder die Äpfel mit Alufolie abdecken, damit sie weich werden. Hierbei immer wieder die Hitze kontrollieren! Das Karamell darf nur leicht kochen, da es sonst anbrennt, was die Tarte bitter und ungenießbar machen würde. Den Backofen auf 200 °C vorheizen. Den Teig auf einer leicht bemehlten Fläche etwa 3 cm größer ausrollen, als die Backform ist. Die Äpfel von der Flamme nehmen, den Teig darauflegen und am Rand etwas nach unten drücken, sodass sich der gesamte Teig innerhalb der Form befindet. Mit einer Gabel den Teig mehrfach einstechen. Auf der mittleren Schiene des Backofens ca. 30 Minuten backen, bis der Teig eine hellbraune Farbe angenommen hat. Die Zeit kann je nach Teigdicke etwas variieren. Den Kuchen nach Ende der Backzeit herausnehmen und etwa 5 Minuten ruhen lassen. Auf einen großen, flachen Teller stürzen, nochmals 5 Minuten ruhen lassen. Die Form vorsichtig abheben. Es sollten keine Apfelstücke an der Form hängen bleiben – ein spannender Moment! Die Tarte etwas abkühlen lassen. Währenddessen die Schlagsahne ohne Zucker steif schlagen. Tarte Tatin unbedingt lauwarm mit einem Klecks **SCHLAGSAHNE** servieren.

„Angeblich entstand die Tarte Tatin bei einem Küchenunfall im Haus der Damen Tatin in der Nähe von Orléans. Beim Herausnehmen aus dem Ofen entglitt der gute Apfelkuchen der wegen vieler Gäste etwas gestressten Madam und landete – natürlich mit der Apfelseite nach unten – auf dem Küchenboden. Quelle catastrophe! Kurzentschlossen klaubte die pragmatische Frau den Kuchen von den Fliesen und schaufelte ihn verkehrt herum wieder in die Kuchenform, um die jetzt doch sehr unansehnlichen Äpfel zu verstecken. Das Ganze kam zurück in den Ofen – und eines der beliebtesten Desserts Frankreichs war geboren. Das nenne ich mal kreatives Umgehen mit einem Missgeschick! Die Gäste waren derart von dem neuen Kuchen begeistert, dass er fortan nur noch auf diese Art zubereitet wurde. Da man inzwischen wusste, wie es geht, konnte auf das Runterwerfen verzichtet werden. Und auch wir können uns jetzt ganz entspannt an die Zubereitung dieser gehaltvollen Leckerei machen."

T-Bone-Steak

ZUBEREITUNGSZEIT: JE NACH GRÖSSE 20–40 MINUTEN

ZUTATEN FÜR 1 T-BONE-STEAK

1 T-Bone-Steak
(ca. 600 g und ca. 3,5 cm dick)
Olivenöl
½ Knoblauchzehe
2 Zweige Rosmarin
Salz, Pfeffer aus der Mühle

WERKZEUGE

Grillpfanne,
vorzugsweise aus Gusseisen
Ofenthermometer
Fleischthermometer
Grillzange

ZUBEREITUNG Das **T-BONE-STEAK** sollte unbedingt Zimmertemperatur haben, muss also etwa 2 Stunden vor dem Zubereiten aus dem Kühlschrank genommen werden. Den Backofen auf 100 °C vorheizen. Bei Gasherden, die in der Regel auch auf der kleinsten Stufe 150 °C heiß werden, einen Korken oder Ähnliches zwischen die Ofentür klemmen, um diese etwas geöffnet zu halten, und die Temperatur mit einem Ofenthermometer kontrollieren. Die Grillpfanne mindestens 5 Minuten stark aufheizen – ohne Öl! Das Steak großzügig salzen und pfeffern. „Ob man das Steak vorher oder nachher salzt, ist ein beliebter Streitpunkt unter Fleischliebhabern. Ich salze Steaks lieber vorher, da die Kruste dadurch besser und auch würziger wird, weil das Salz mit dem Fleisch ‚verschmilzt' statt nur daraufzuliegen." Das Steak mit **OLIVENÖL** oder einem anderen, hocherhitzbaren Pflanzenöl ringsum einreiben, in die Pfanne legen und pro Seite ca. 3–4 Minuten scharf anbraten. Hierbei das Fleisch kurz an den Pfannenboden drücken, besonders im Bereich um den Knochen, da dieser den Kontakt des Fleisches zum Boden behindert. Sind beide Seiten gut angebraten, mithilfe einer Grillzange das Steak aufrecht in die Pfanne halten und den Fettrand gut anrösten. Das Fleischthermometer in das Fleisch stecken und direkt auf den Grillrost des Backofens legen, mit **KNOBLAUCH** einreiben und evtl. mit den **ROSMARINZWEIGEN** belegen. Einen Teller unter den Rost stellen, um den austretenden Saft aufzufangen. Ist die gewünschte Kerntemperatur erreicht, das Steak sofort auf einem angewärmten Teller servieren. Hierbei gilt: 52–55 °C rare/blutig, 56–60 °C medium rare/Kern blutig, 61–65 °C medium/Kern rosa, 66–70 °C medium well/fast durchgebraten, ab 71 °C well done/durchgebraten. Man kann den richtigen Gargrad natürlich auch erfühlen, mit dem Fleischthermometer ist man allerdings auf der sicheren Seite.

„Das T-Bone-Steak ist ein wirklich mächtiges Stück Fleisch und wird in seiner Größe nur noch vom Porterhouse-Steak übertroffen. Seinen Namen hat es vom T-förmigen Knochen, der das Steak in eine Filetseite und eine Roastbeefseite teilt, wobei es identisch mit dem Porterhouse-Steak ist, das jedoch ein größeres Filetstück aufweist. Man bekommt also zwei Sorten hochwertiges Fleisch an einem einzigen Steak, was auch einer der Gründe ist, warum das T-Bone mit zu den beliebtesten Fleischstücken zählt. Dass man ein gutes Steak am besten auf einem Grill zubereitet, der uns zusätzlich mit leckeren Raucharomen verwöhnt, sollte hier auf jeden Fall erwähnt werden. Ein Grill ist jedoch leider nicht immer verfügbar, was uns hier nicht stören soll, denn unser Steak wird trotzdem zart und saftig. Ein sehr wichtiges Kriterium beim Zubereiten eines perfekten Steaks ist die Temperatur beim Anbraten. Nur mit einer wirklich heißen Pfanne erhält das Fleisch schnell eine schöne Kruste, ohne komplett durchzugaren, und verwöhnt uns mit den Aromen, die wir bei einem guten Steak haben wollen. Die meisten handelsüblichen, beschichteten Pfannen sind hier schnell überfordert, weil man sie einfach nicht so stark erhitzen kann. Und Pfannen mit einem zu dünnen Boden sind nicht in der Lage, die erforderliche Hitze zu speichern und zu halten. Eine gute Steakpfanne sollte daher unbeschichtet, massiv und schwer sein, was für die Verwendung einer Pfanne aus Gusseisen spricht. Eine Grillpfanne zaubert zudem das typische Muster auf das Steak. Je nach Fleischdicke dauert das Anbraten 1–5 Minuten pro Seite. Ein anschließendes Fertiggaren im Backofen empfiehlt sich besonders für dicke Stücke. Ein gutes Steak sollte mindestens 2,5 cm dick sein. T-Bone-Steaks haben üblicherweise eine Stärke von 3 bis 5 cm, weshalb wir uns auch für die Backofenmethode entscheiden. Hierbei ist die Verwendung eines Fleischthermometers extrem hilfreich. Also dann: Fenster auf, Küchentür zu, Dunstabzugshaube an – jetzt wird's neblig!"

Thunfischsteak auf Blattspinat

ZUBEREITUNGSZEIT: CA. 30 MINUTEN
MARINIERZEIT: CA. 2 STUNDEN

ZUTATEN FÜR 4 PORTIONEN

THUNFISCHSTEAKS
20 g frischer Ingwer
2 Knoblauchzehen
8 EL Olivenöl
4 Thunfischsteaks (à 250 g)
1 Zitrone
Salz, Pfeffer aus der Mühle

BLATTSPINAT
ca. 400 g junger Blattspinat (Babyspinat)
1 Knoblauchzehe
1 Chilischote
2 EL Olivenöl
Salz, Pfeffer aus der Mühle

WERKZEUGE
flache Schüssel
Grillpfanne, vorzugsweise aus Gusseisen
große Bratpfanne

ZUBEREITUNG Den **INGWER** schälen und reiben, die **KNOBLAUCHZEHEN** schälen und pressen, beides mit dem **OLIVENÖL** verrühren. Die **THUNFISCHSTEAKS** waschen, trocken tupfen, in der Mischung wenden und in einer flachen Schüssel ca. 2 Stunden abgedeckt marinieren. Den **BLATTSPINAT** waschen und von Stängeln befreien (bei Babyspinat nicht nötig). Knoblauchzehe schälen, **CHILISCHOTE** putzen, beides klein schneiden und beiseitestellen. Die Thunfischsteaks nach 2 Stunden aus der Marinade nehmen und etwas abtropfen lassen. Die Steaks sollten gleichmäßig mit Öl bedeckt sein. Gut salzen und pfeffern. Die Grillpfanne und die große Bratpfanne auf den Herd stellen. Die Grillpfanne stark erhitzen, kein Öl hineingeben! Die Bratpfanne auf mittlerer Flamme mit 2 EL Olivenöl erhitzen. Die Steaks in die heiße Grillpfanne geben und je nach Dicke der Scheiben max. 1,5 Minuten pro Seite scharf braten. Sind die Scheiben dünner als 3 cm, max. 1 Minute anbraten. Vor dem Servieren die Steaks kurz auch auf der Seite braten – muss aber nicht sein. Zur gleichen Zeit Knoblauch und Chili kurz in der Bratpfanne anrösten (ca. 8 Sekunden) und den Blattspinat dazugeben. Salzen und pfeffern und unter ständigem Wenden zusammenfallen lassen. Das Ganze sollte nicht länger als 3–4 Minuten dauern. Den Spinat auf angewärmten Tellern anrichten, die Thunfischsteaks darauflegen, mit etwas Olivenöl übergießen und sofort mit je 1 **ZITRONENVIERTEL** servieren. Dazu passen Frühkartoffeln, Gratin oder frisches Baguette.

„Was für ein gutes Steak gilt, gilt noch viel mehr für ein gutes Thunfischsteak: Die Qualität muss stimmen, es darf nicht zu dünn sein und es will sehr heiß und kurz, aber keineswegs durchgebraten werden. Man sollte nicht vergessen, dass man – gute, frische Ware vorausgesetzt – den Fisch auch roh essen könnte. Wie bei dem Steak leistet uns auch hier eine schwere Grillpfanne aus Gusseisen die besten Dienste beim Braten. Eine einfache, beschichtete Pfanne wird einfach nicht heiß genug, um den Fisch in kurzer Zeit außen zu rösten, aber innen nicht durchzugaren. Verwendet man dennoch eine einfache Pfanne, sollte man beim Fischkauf darauf achten, dass die Steaks mindestens 3 cm dick sind, dann haut das auch hin."

Vitello-tonnato-Rolle

ZUBEREITUNGSZEIT: CA. 3 STUNDEN

KÜHLZEIT: CA. 1 STUNDE

ZUTATEN FÜR 6–8 ROLLEN

KALBFLEISCH

800 g mageres Kalbfleisch (z. B. Kalbsnuss)
2 EL Butterschmalz
2 Zwiebeln
2 kleine Karotten
100 g Sellerie
Salz

PFANNKUCHENTEIG

250 ml Milch
80 ml Sahne
50 ml Wasser
2 Eier
2 Eigelb
200 g feines Weizenmehl
50 g zerlassene Butter
Salz

THUNFISCHSOSSE

4 Eigelb
Saft von 1 Zitrone
ca. 250 ml Olivenöl
2 Dosen Thunfisch
20 g Kapern
4 Anchovisfilets (Sardellen)
Salz, Pfeffer aus der Mühle

ZUSÄTZLICH ZUM BELAG

40 g Kapern
3 Bund frischer Schnittlauch

ZUBEREITUNG KALBFLEISCH **KALBFLEISCH** waschen und trocken tupfen. 1 EL **BUTTERSCHMALZ** im Suppentopf erhitzen, das Kalbfleisch von allen Seiten leicht anbräunen. Das Fleisch wieder herausnehmen und den Bratensatz im Topf mit Wasser ablösen. Weitere 2 l Wasser in den Topf gießen und zum Kochen bringen. Hitze reduzieren und das Fleisch wieder in den Topf geben. Es sollte jetzt ganz mit Wasser bedeckt sein. Leicht salzen und ca. 45 Minuten leise köcheln lassen. Nicht heftig kochen! Eventuell entstehenden Schaum abschöpfen. Nach ca. 45 Minuten die halbierten **ZWIEBELN** mit Schale in 1 EL Butterschmalz in einer Bratpfanne scharf anbraten, bis sie auf der Schnittfläche schön dunkel geworden sind. **KAROTTEN** und **SELLERIE** schälen und in grobe Stücke schneiden. Die angerösteten Zwiebeln und das Gemüse zum Fleisch geben und ca. 45 Minuten weiterköcheln lassen. Nach dieser Zeit den Herd ausschalten und das Fleisch im abgedeckten Topf weiter ziehen lassen, bis es kalt ist.

ZUBEREITUNG PFANNKUCHENTEIG **MILCH, SAHNE,** Wasser, **EIER** und **EIGELBE** mit einer guten Prise Salz verquirlen und mit dem **MEHL** glatt verrühren. Die zerlassene **BUTTER** unterrühren und den Teig ca. 30 Minuten ruhen lassen. Durch die zerlassene Butter im Teig braucht man zum Ausbacken keine oder kaum noch Butter. Der Teig muss gut fließen können und darf nicht zu fest sein. Vor dem Ausbacken den Teig nochmals gut durchrühren und dann 6–8 dünne Crêpes zubereiten. Dabei darf die Pfanne nicht zu heiß sein, da der Teig sonst stockt, bevor er sich gleichmäßig verteilen kann. Die fertigen Crêpes ca. 20 Minuten abkühlen lassen.

ZUBEREITUNG THUNFISCHSOSSE Die möglichst zimmerwarmen **EIGELBE** in ein Becherglas geben. Den Saft der **ZITRONE** dazupressen und mit dem Zauberstab durchmixen. **OLIVENÖL** in dünnem Strahl langsam angießen und mixen, bis eine feste Mayonnaise entstanden ist. Den abgetropften **THUNFISCH,** die **KAPERN** und die **ANCHOVISFILETS** dazugeben und alles zu einer feinen Creme pürieren. Etwa 5–6 EL (oder auch etwas mehr) von dem Kalbsfond, der beim Fleischkochen entstanden ist, dazugeben, bis eine leicht flüssige, dicke Soße entstanden ist. Mit Salz und Pfeffer abschmecken.

Mit einem scharfen Messer das abgekühlte Kalbfleisch quer zur Faser in hauchdünne Scheiben schneiden. Pfannkuchen mit einigen grob gehackten Kapern bestreuen, mit etwa 2–3 EL Thunfischsoße bestreichen, einige Fleischscheiben verteilen und weitere 2 EL Soße darübergeben. Gewaschenen und abgetrockneten **SCHNITTLAUCH** großzügig im Ganzen auf der gesamten Fläche des Pfannkuchens auslegen und den Pfannkuchen parallel zu den Schnittlauchstängeln möglichst fest einrollen. Wenn man die Pfannkuchenrollen später anschneidet, sollte man in die Schnittlauchröhren hineinsehen können. Die Pfannkuchenrollen in Frischhaltefolie wickeln und ca. 1 Stunde im Kühlschrank abkühlen lassen. Nach etwa 1 Stunde mit einem scharfen Messer die Rollen leicht schräg in gleich große, etwa 3 cm dicke Stücke schneiden und anrichten.

WERKZEUGE

Suppentopf (3–4 l)
Bratpfanne
Rührschüssel
Crêpes-Pfanne oder flache, beschichtete Bratpfanne
Schöpflöffel
Zauberstab oder Mixer
Frischhaltefolie
scharfes Messer
Becherglas

„Diese ‚Pfannkuchensushis' sind so unglaublich lecker, dass sie auf einem Buffet in der Regel nur einen kurzen Auftritt haben. So schnell, wie sie weg sind, sind sie leider nicht hergestellt, aber die Zubereitung lohnt sich – und man macht sich garantiert viele Freunde damit!"

Vitello-tonnato-Rolle

Zubereitung Seiten 184-185

Probierlust ist ansteckend!

Bei der Herstellung meiner Pfannkuchen muss ich schon mal mit allen Pfannen gegen die Probierlust meiner Gäste anbraten, um genug Pfannkuchen für Vitello tonnato zusammenzubekommen. Eine Extraportion Teig sorgt hier für Entspannung!

VERZEICHNIS

DANKE,

IHR SEID MEINE HELDEN!

Mein Dank geht zuallererst an meine liebe Angela für ihre permanente Hilfe und Unterstützung bei der Entstehung dieses Buches, an Peter und Katja für fundierte Kritik beim Probeessen und schöne Stunden in Burig, an Hans für gute Tipps und großartige Kochsessions und an meine Mutter für schöne, alte Rezeptideen. Danke an Anne und Marek – dafür, dass sie die besten Gastgeber dieses Planeten sind. Danke an alle Freunde und Mitwirkenden an diesem Buch: Angie, Antje, Arlett, Beate, Benjamin, Bernhard, Birgit, Clara, Hajo, Heather, Franziska, Helen, Hinda, Kai, Laura, Martin H., Martin R., Peter, Rüdiger, Thank, Tim und Wolfgang. Und natürlich danke ich dem Team vom Verlag: Justyna, Katerina, Johanna, Anne, Melanie, Ellen, Doreen, Ralf, Ecke und Jürgen.

Impressum

Originalausgabe Becker Joest Volk Verlag

1. Auflage September 2012
ISBN 978-3-938100-80-6

BECKER
JOEST
VOLK
VERLAG

REZEPTE, TEXT Angelo Menta

FOOD-BILDER Klaus Arras

FOOD-STYLING Katja Briol

MOOD-BILDER Klaus Arras, Justyna Krzyzanowska

BUCHGESTALTUNG Justyna Krzyzanowska

LEKTORAT Doreen Köstler

DRUCK Castelli Bolis Poligrafiche, Bergamo, Italien